USE AT YOUR OWN RISK

WARNING: CHOKING HAZARD

ابدأ من الجهة الأخرى من الكتاب

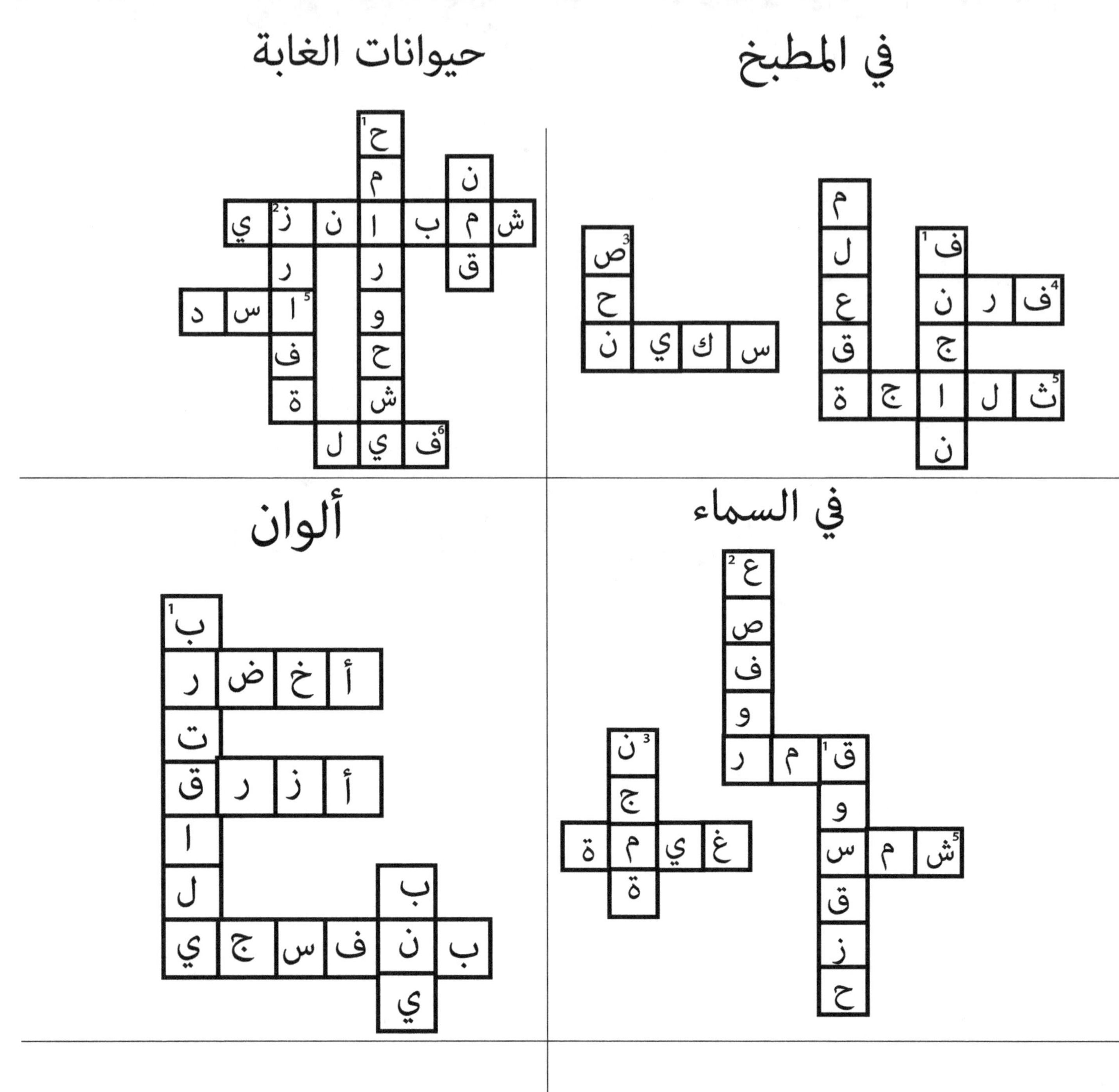

حيوانات الغابة
في المطبخ
ألوان
في السماء

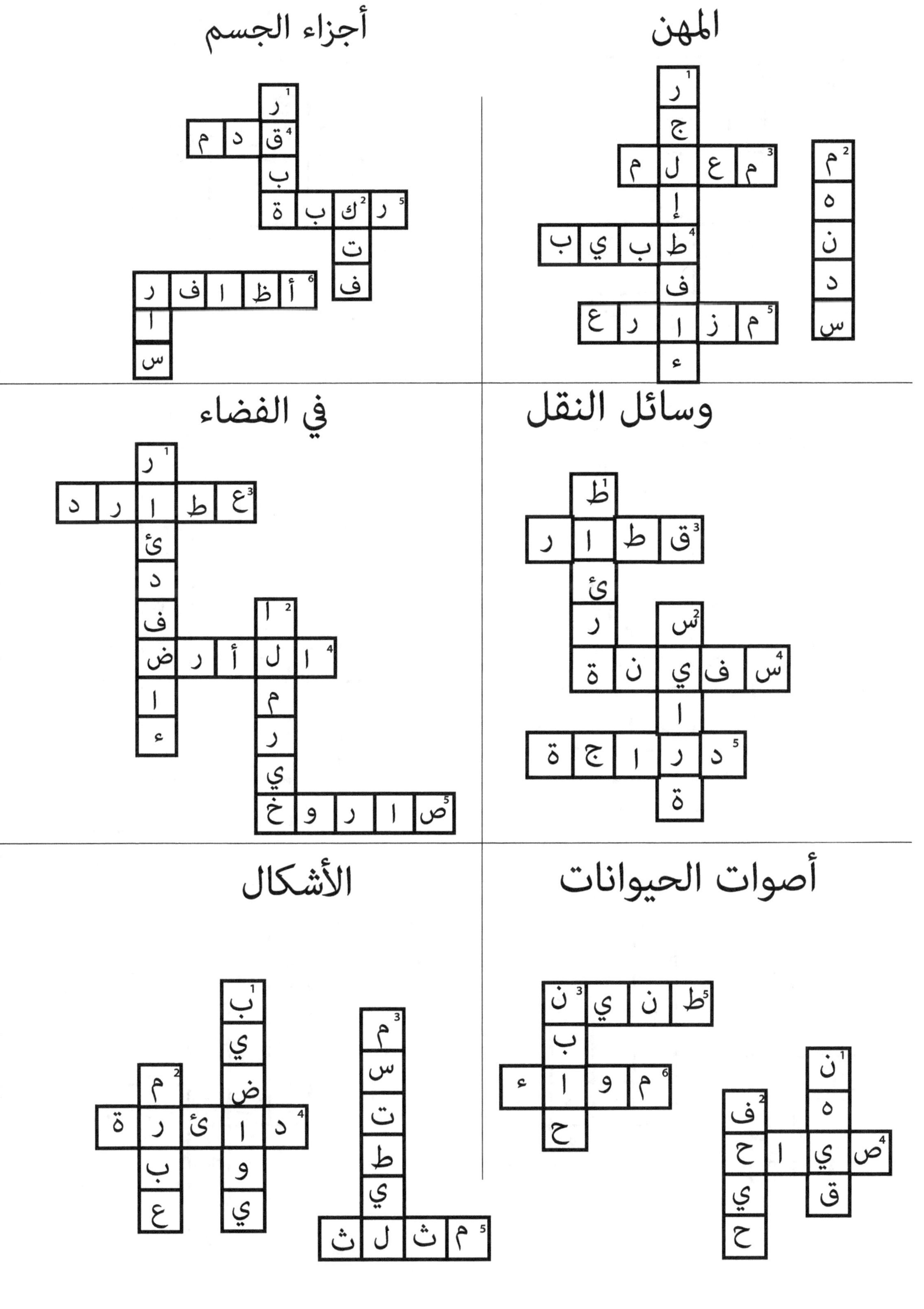

أجزاء الجسم
المهن
في الفضاء
وسائل النقل
الأشكال
أصوات الحيوانات

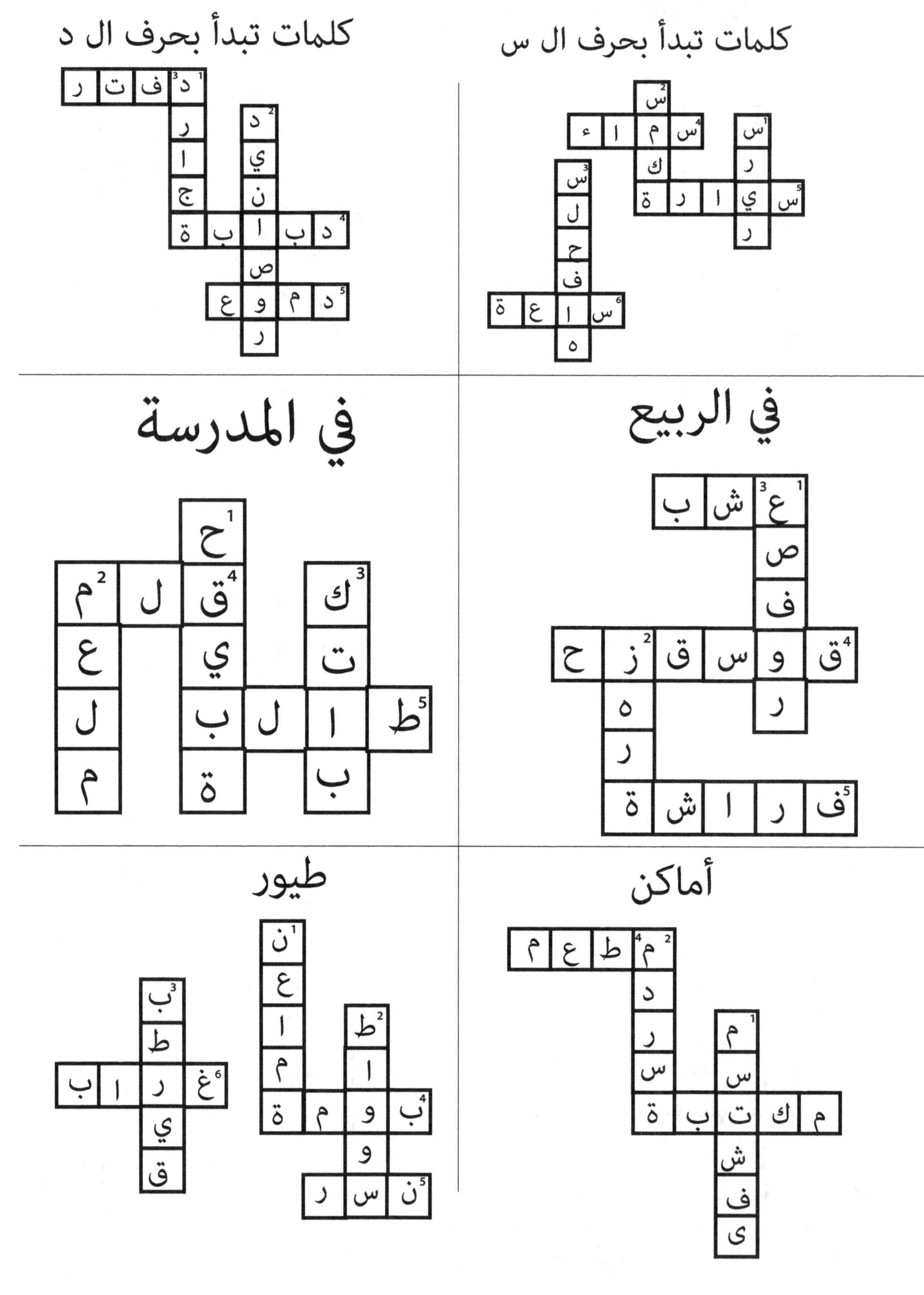

كلمات تبدأ بحرف ال د
كلمات تبدأ بحرف ال س
في المدرسة
في الربيع
طيور
أماكن

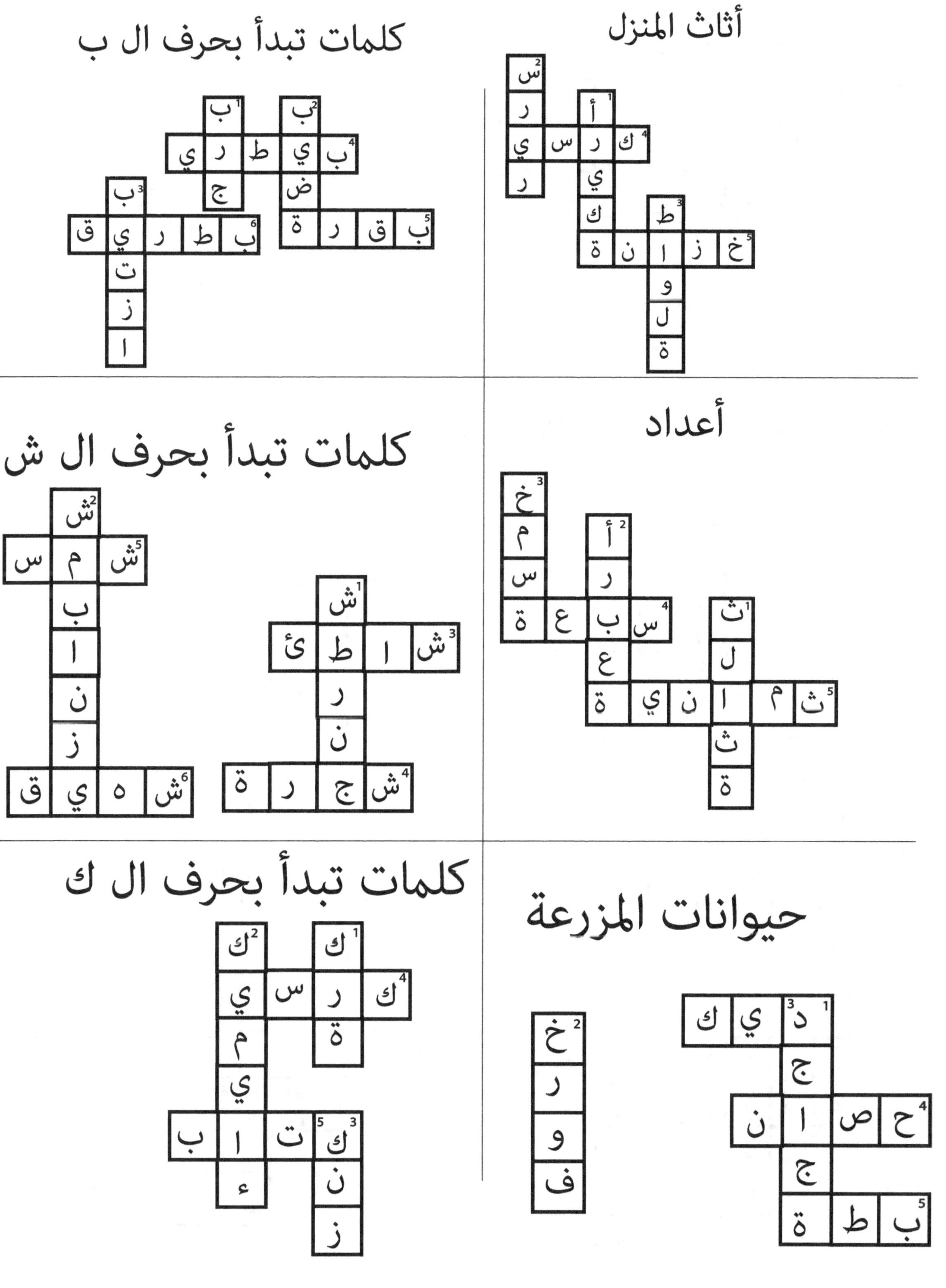

كلمات تبدأ بحرف ال ب
أثاث المنزل
كلمات تبدأ بحرف ال ش
أعداد
كلمات تبدأ بحرف ال ك
حيوانات المزرعة

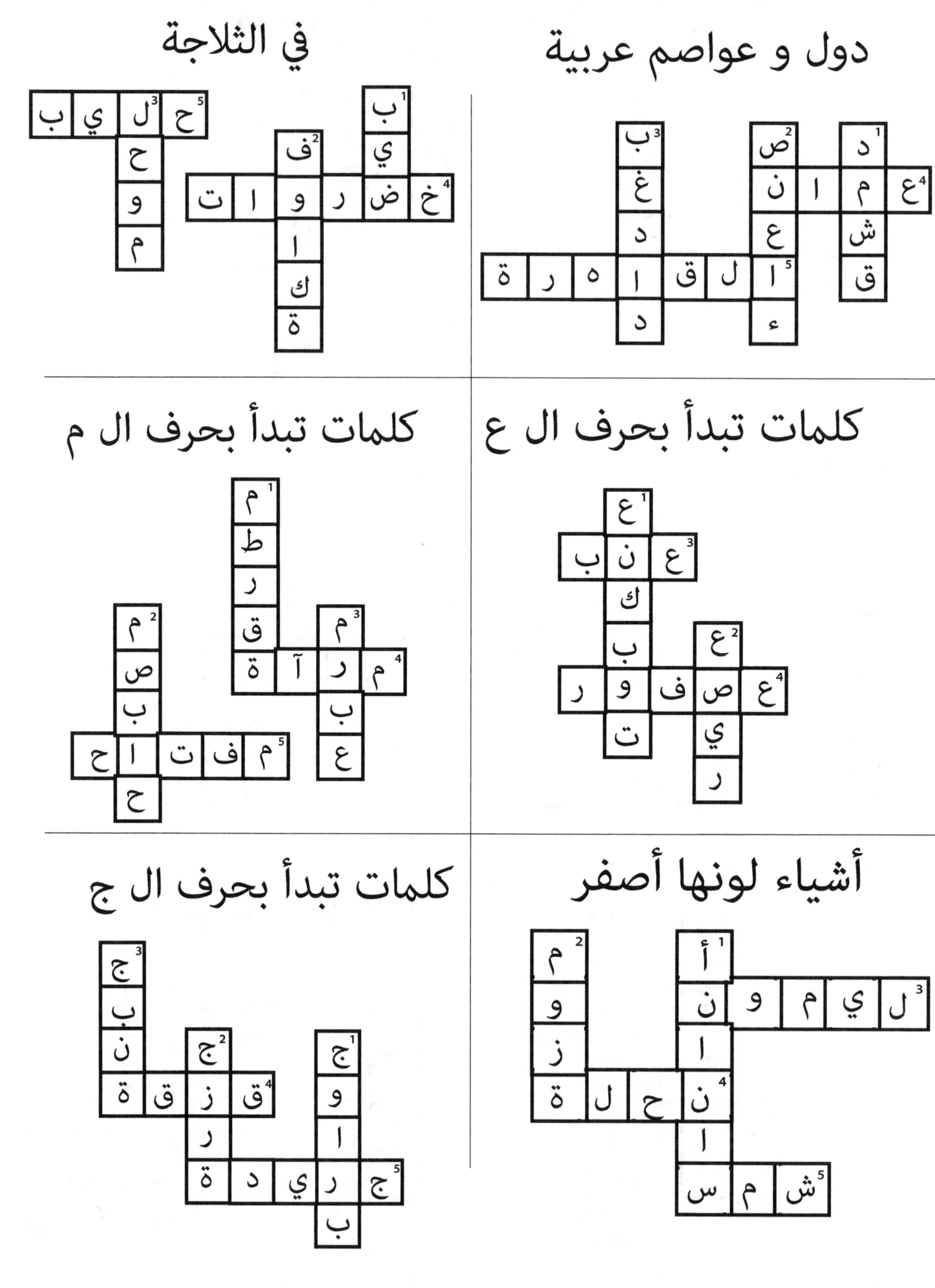

في الثلاجة
دول و عواصم عربية
كلمات تبدأ بحرف ال م
كلمات تبدأ بحرف ال ع
كلمات تبدأ بحرف ال ج
أشياء لونها أصفر

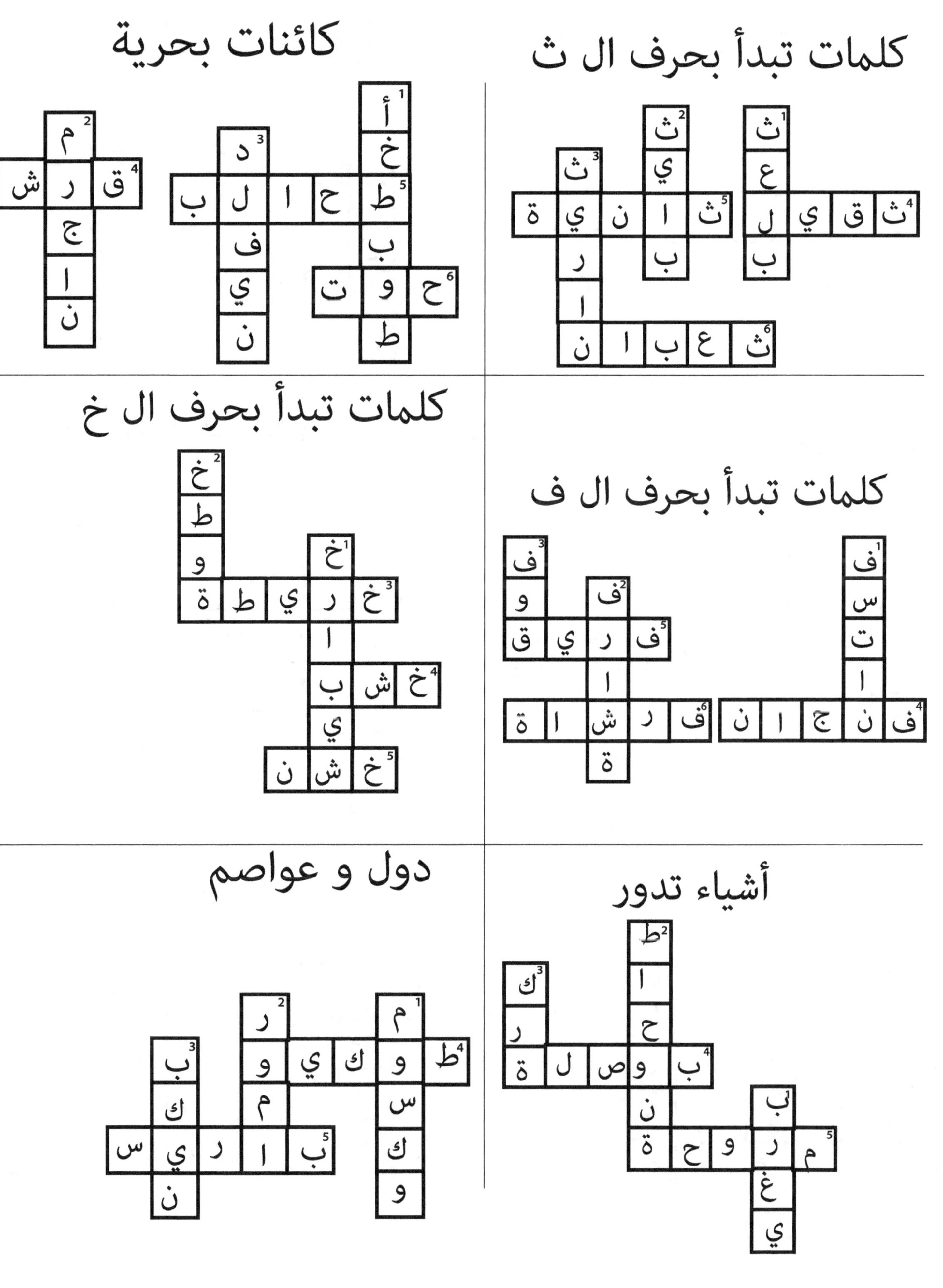
كائنات بحرية
كلمات تبدأ بحرف ال ث
كلمات تبدأ بحرف ال خ
كلمات تبدأ بحرف ال ف
دول و عواصم
أشياء تدور

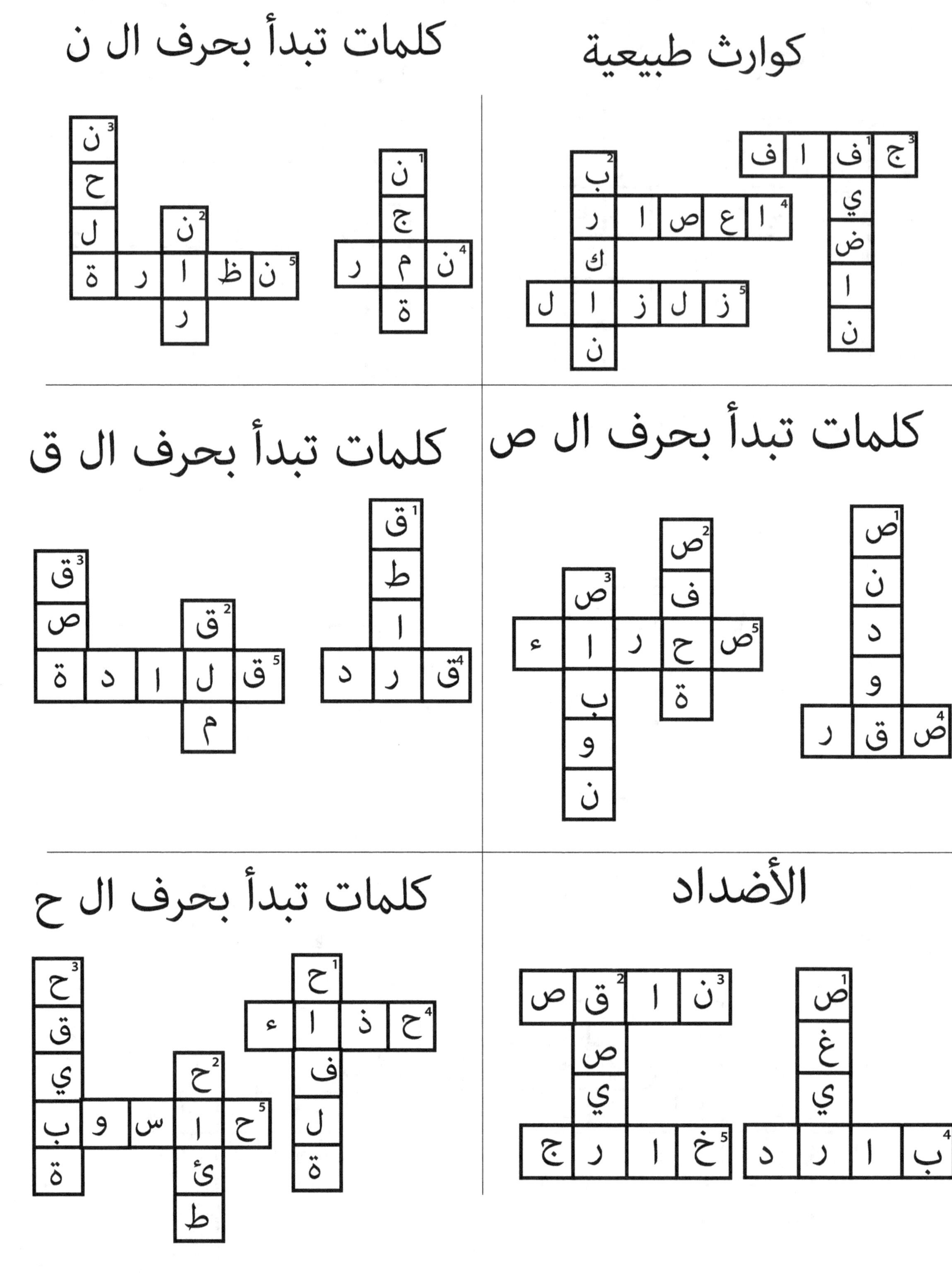

كلمات تبدأ بحرف ال ن
كوارث طبيعية
كلمات تبدأ بحرف ال ق
كلمات تبدأ بحرف ال ص
كلمات تبدأ بحرف ال ح
الأضداد

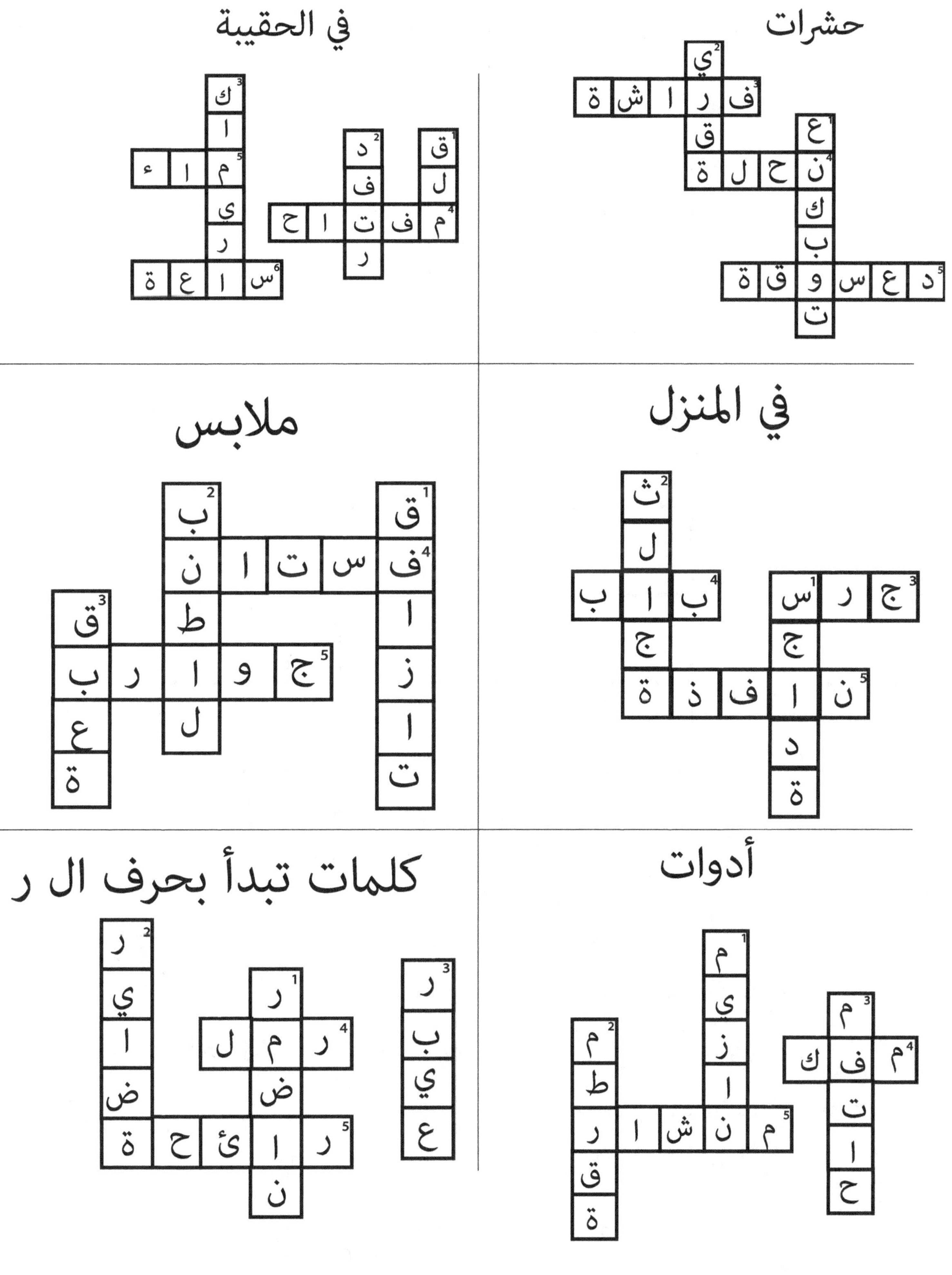
حشرات
في الحقيبة
في المنزل
ملابس
أدوات
كلمات تبدأ بحرف ال ر

ألوان

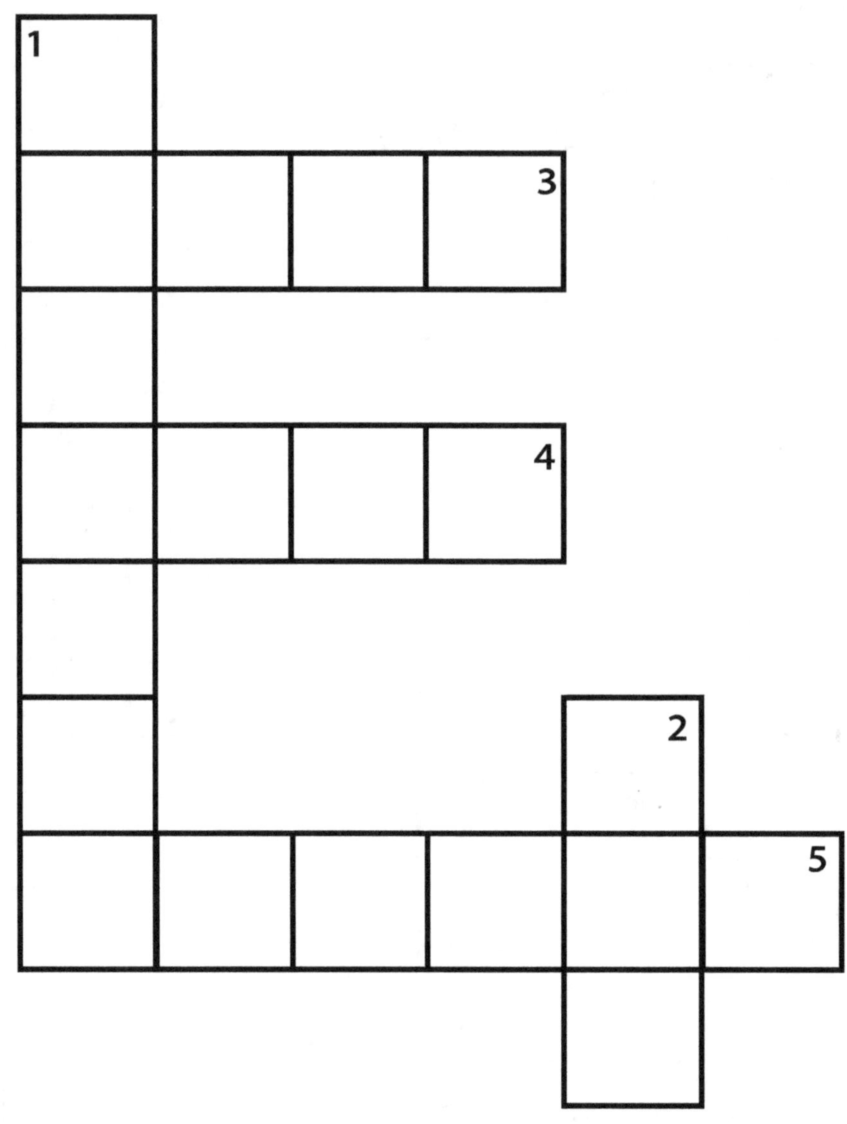

عمودي	أفقي
1- لون دمج الأحمر مع الأصفر	3- عادة لون العشب
2- لون التراب	4- لون السماء الصافية
	5- لون دمج الأحمر و الأزرق بكميات متساوية

في السماء

أفقي

4- يظهر في السماء ليلاً

5- نجم يقوم بتدفئة الأرض

6- كتل من البخار المائي المتجمعة

في الجو

عمودي

1- يتكون من سبعة ألوان

2- يتغذى على الحبوب والحشرات

3- تظهر على شكل نقاط لامعة في السماء

حيوانات الغابة

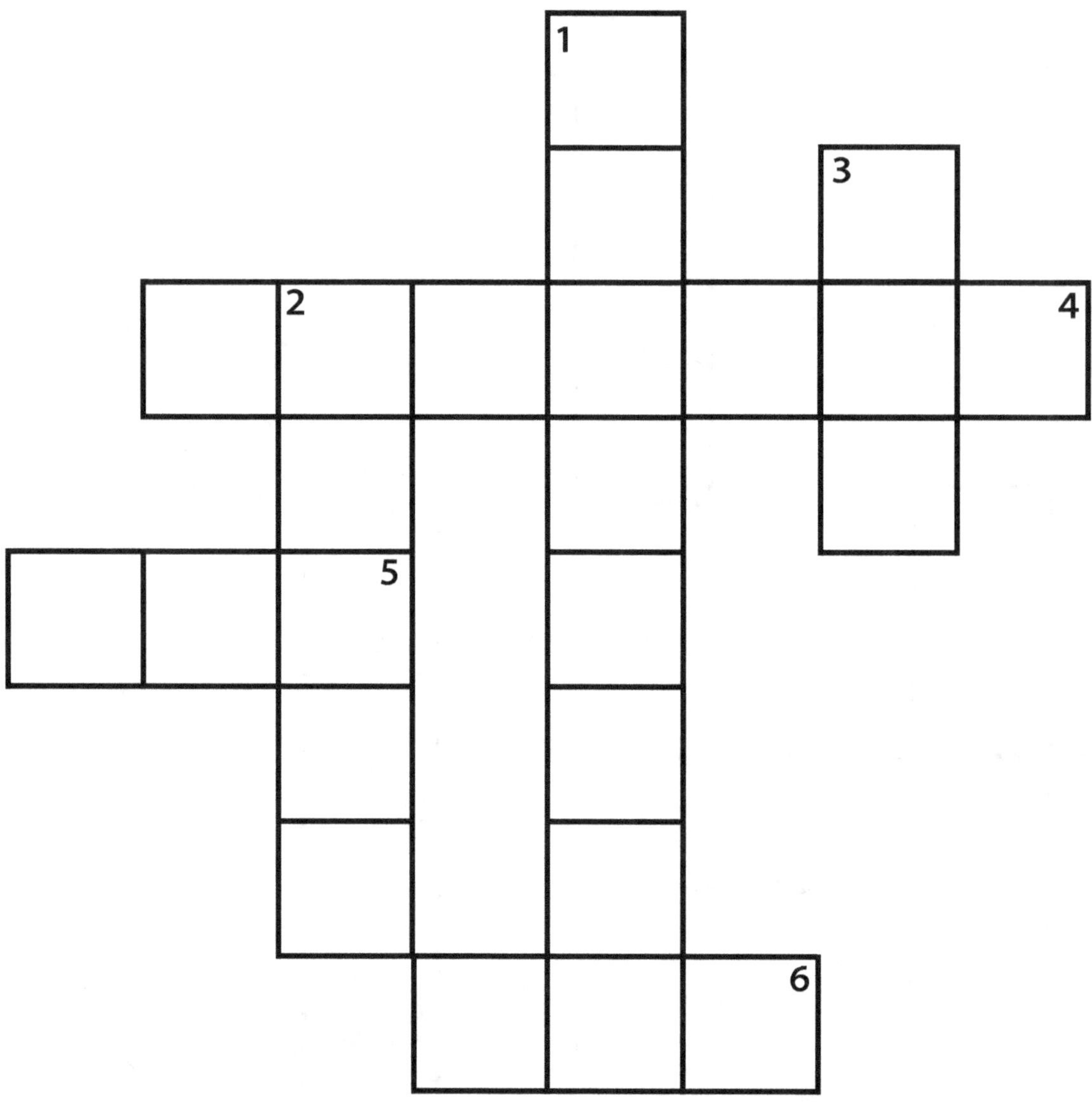

عمودي	أفقي
1- عادة يتميز بالخطوط البيضاء و السوداء	4- يتميز بذراعيه الطويلتين والتي تساعده في التسلق والتنقل بين الأشجار
2- طويل الرقبة والساقين	5- ملك الغابة
3- من عائلة القطط الكبيرة	6- له خرطوم طويل

في المطبخ

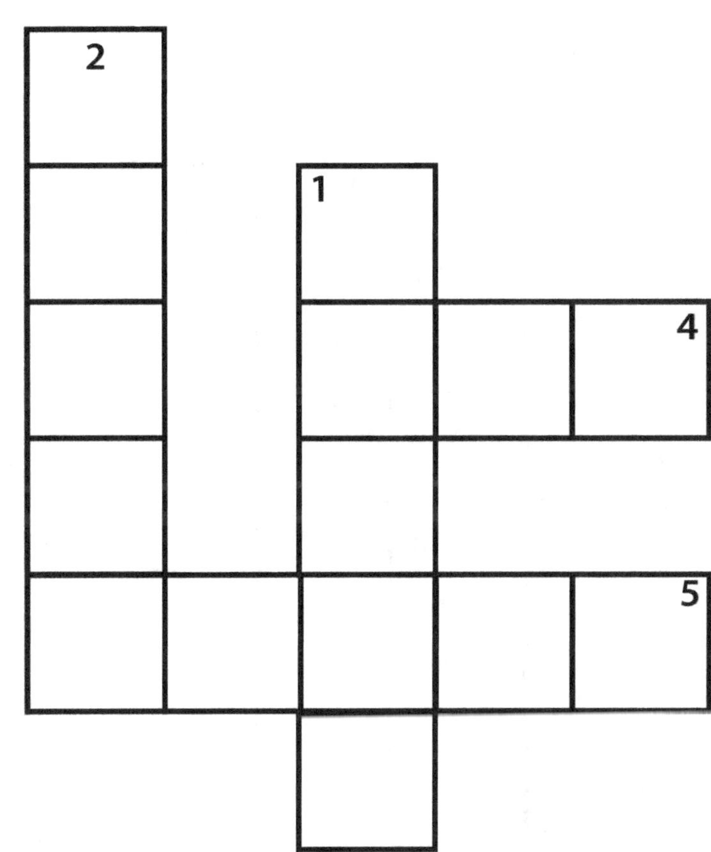

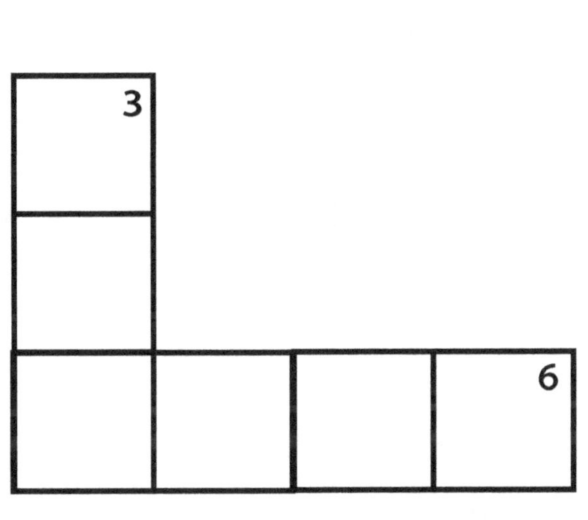

أفقي

4- لطهي الطعام على حرارة مرتفعة

5- لتبريد وتجميد الأطعمة

6- أداة حادة

عمودي

1- لشرب القهوة

2- تُستخدم عادةً لتناول الحساء والشوربة

3- يتم وضع الطعام عليه

الأشكال

أفقي

4- ليس لديها زوايا

5- لديه ثلاث زوايا وثلاثة أضلاع

عمودي

1- شكل يشبه البيضة

2- له أربعة جوانب متساوية الطول

3- لديه ضلعين طويلين وضلعين قصيرين.

أصوات الحيوانات

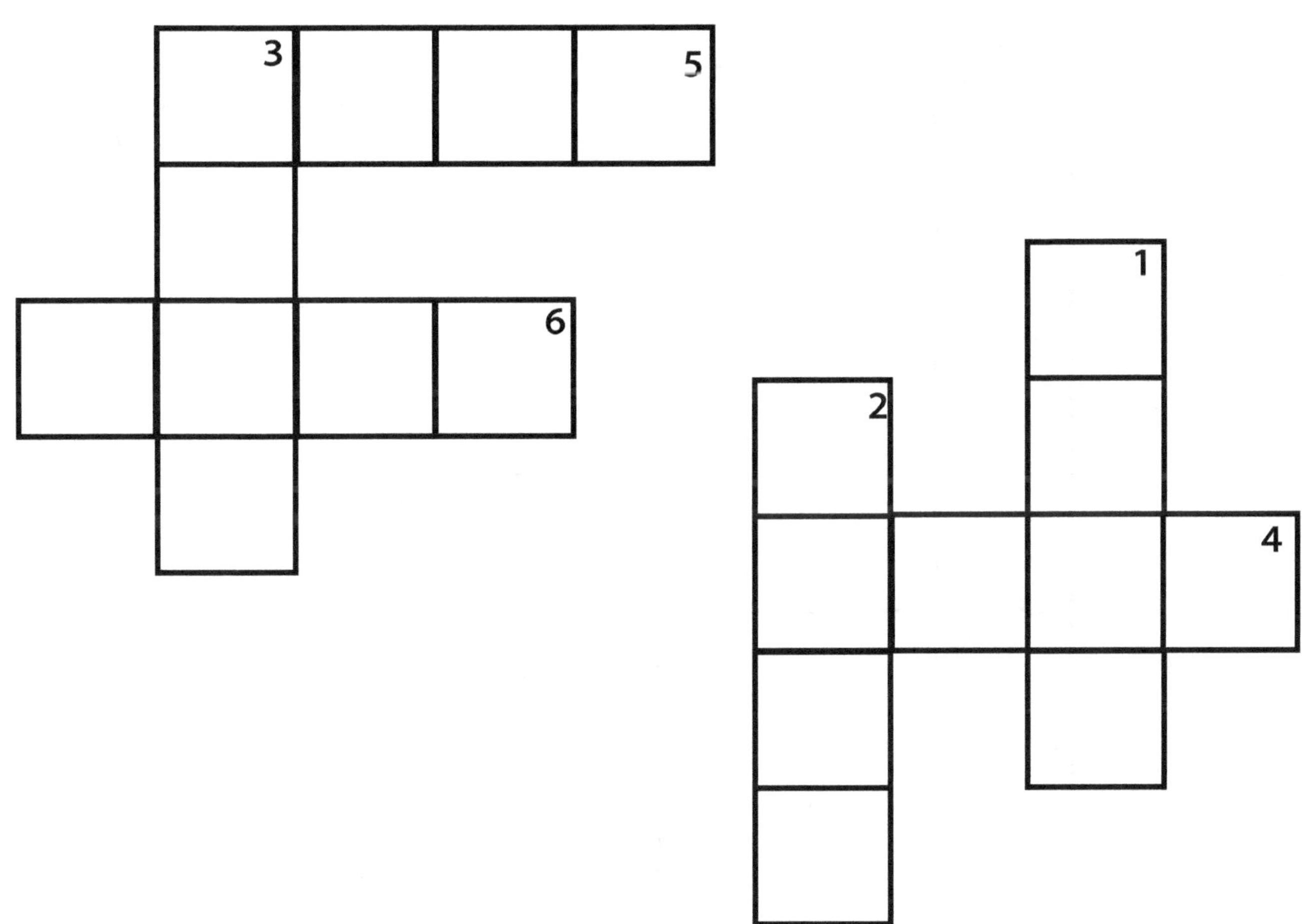

أفقي

4- صوت الديك

5- صوت الذبابة

6- صوت القط

عمودي

1- صوت الحمار

2- صوت الأفعى

3- صوت الكلب

في الفضاء

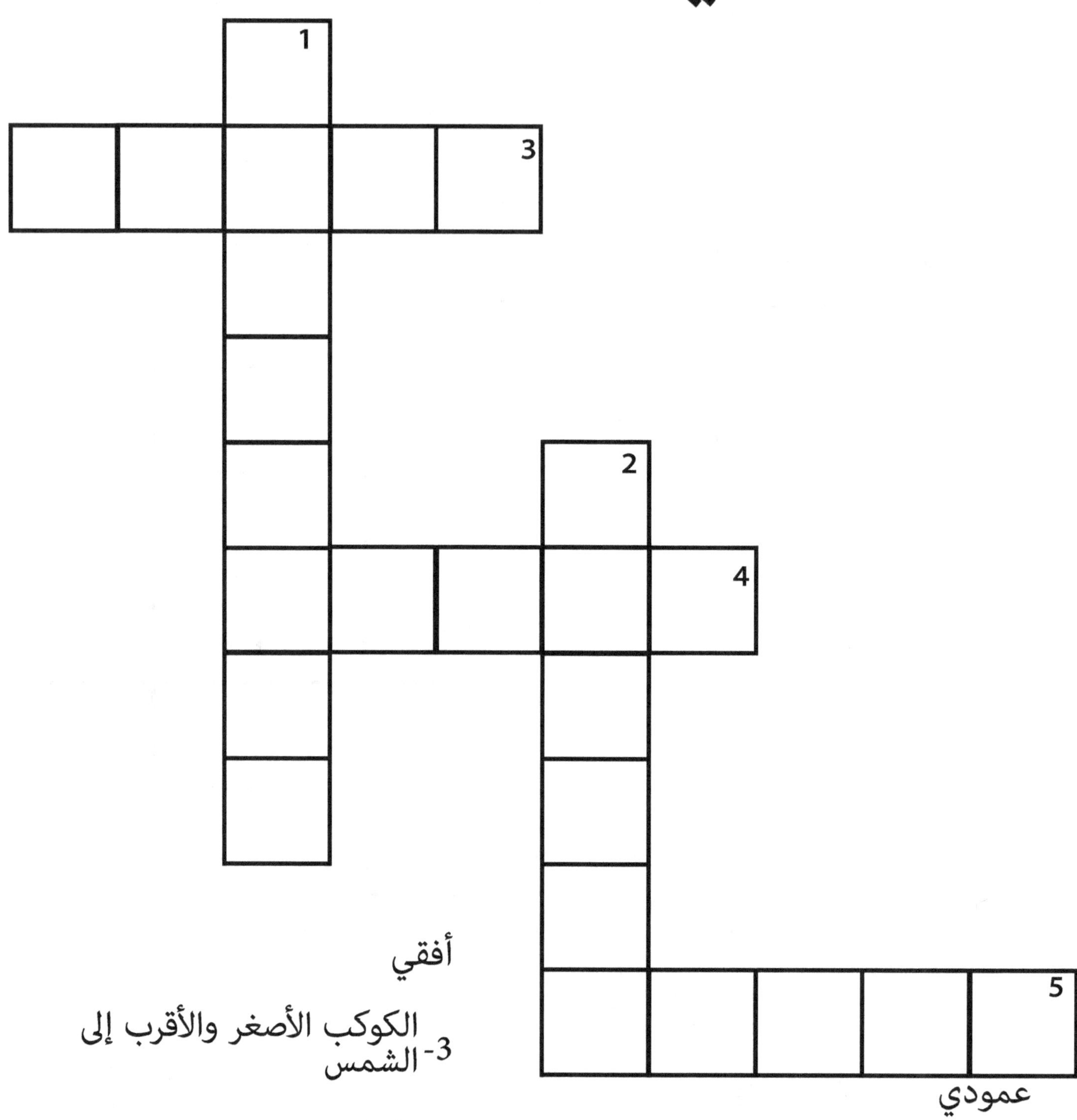

أفقي

3- الكوكب الأصغر والأقرب إلى الشمس

4- الكوكب الذي نعيش عليه

5- وسيلة نقل تستخدم للوصول إلى الفضاء الخارجي

عمودي

1- الشخص الذي يسافر الي الفضاء

2- كوكب لونه أحمر

وسائل النقل

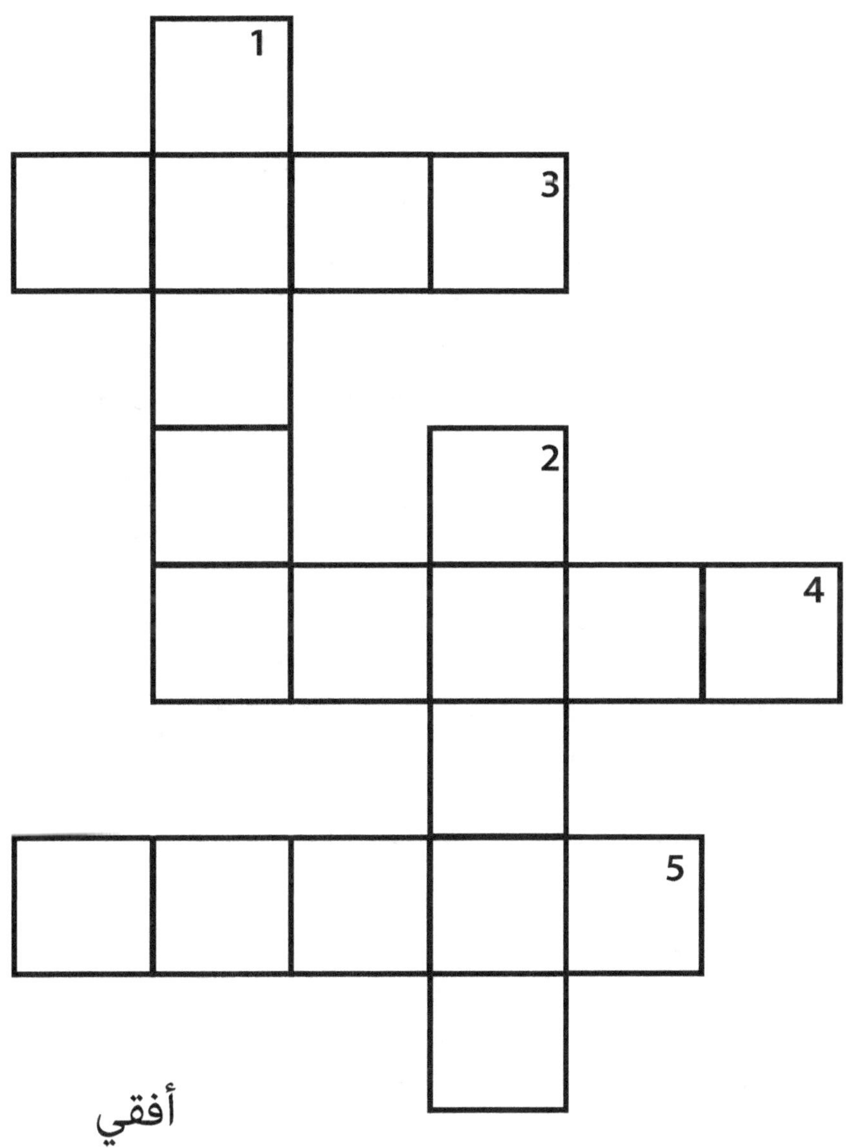

أفقي

3ـ مركبة تتكون من عدة عربات وتسير على السكك الحديدية

4ـ تستخدم للسفر عبر المحيطات والبحار

5ـ وسيلة نقل تعمل بالدفع بالقدمين

عمودي

1ـ وسيلة نقل جوية تستخدم للسفر بين البلدان والقارات

2ـ وسيلة نقل تعمل بمحرك وتستخدم للتنقل على الطرق

أجزاء الجسم

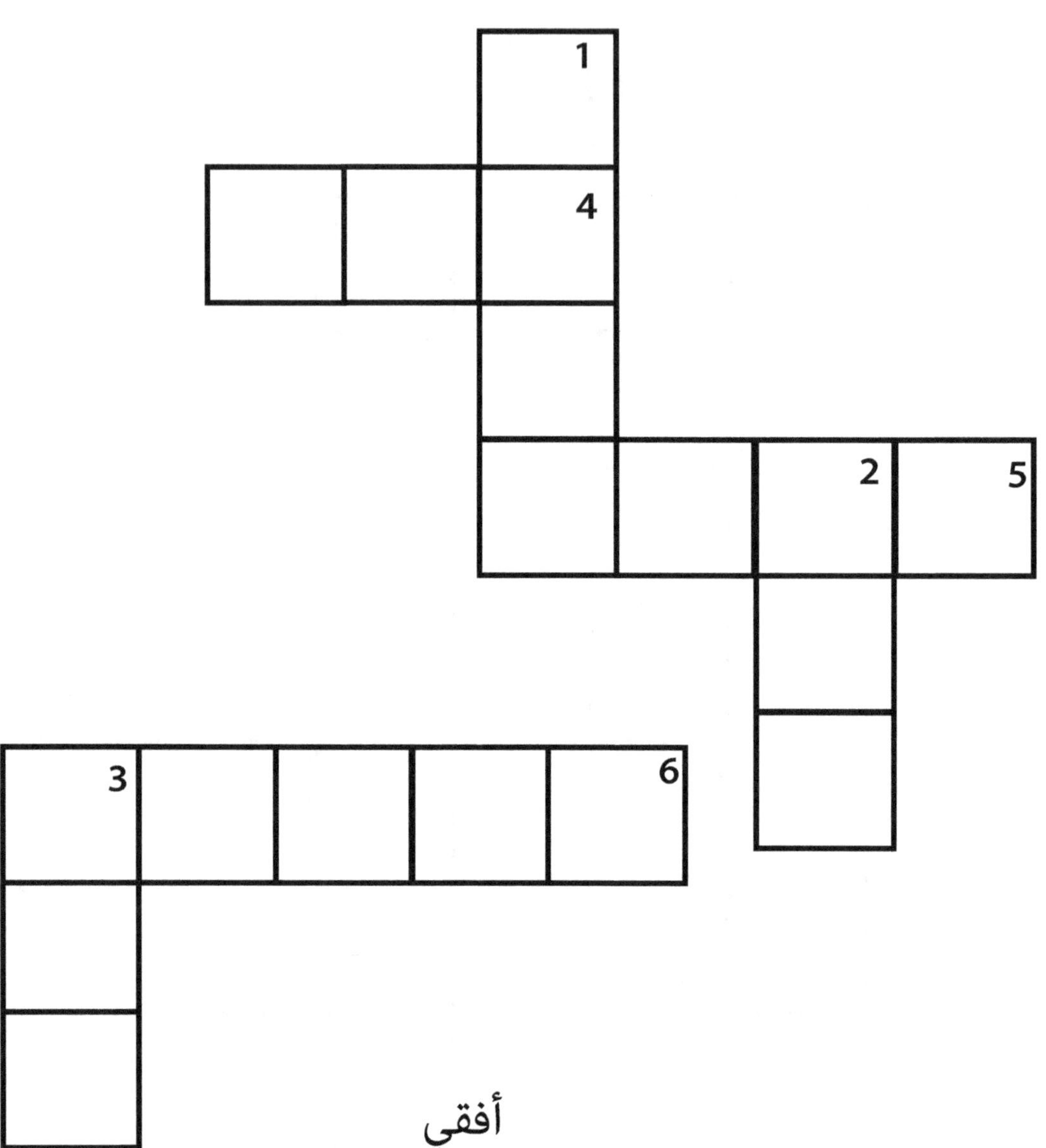

عمودي

1- الجزء الذي يربط الرأس بالجسم

2- الجزء الموجود في الجانب العلوي من الجسم ويساعد في تحريك الذراعين

3- الجزء الذي يحتوي على الدماغ

أفقي

4- الجزء الأسفل من الساق يستخدم للمشي

5- المفصل الواقع بين الفخذ والساق

6- الأجزاء الصلبة والمسطحة الموجودة في أطراف الأصابع

المهن

أفقي

3- شخص يقوم بتدريس الطلاب

4- شخص يعالج الناس

5- شخص يعمل في زراعة النباتات

عمودي

1- يستخدم المعدات والأدوات المناسبة لإطفاء الحرائق

2- شخص يصمم ويبني الهياكل والأجهزة والأنظمة

طيور

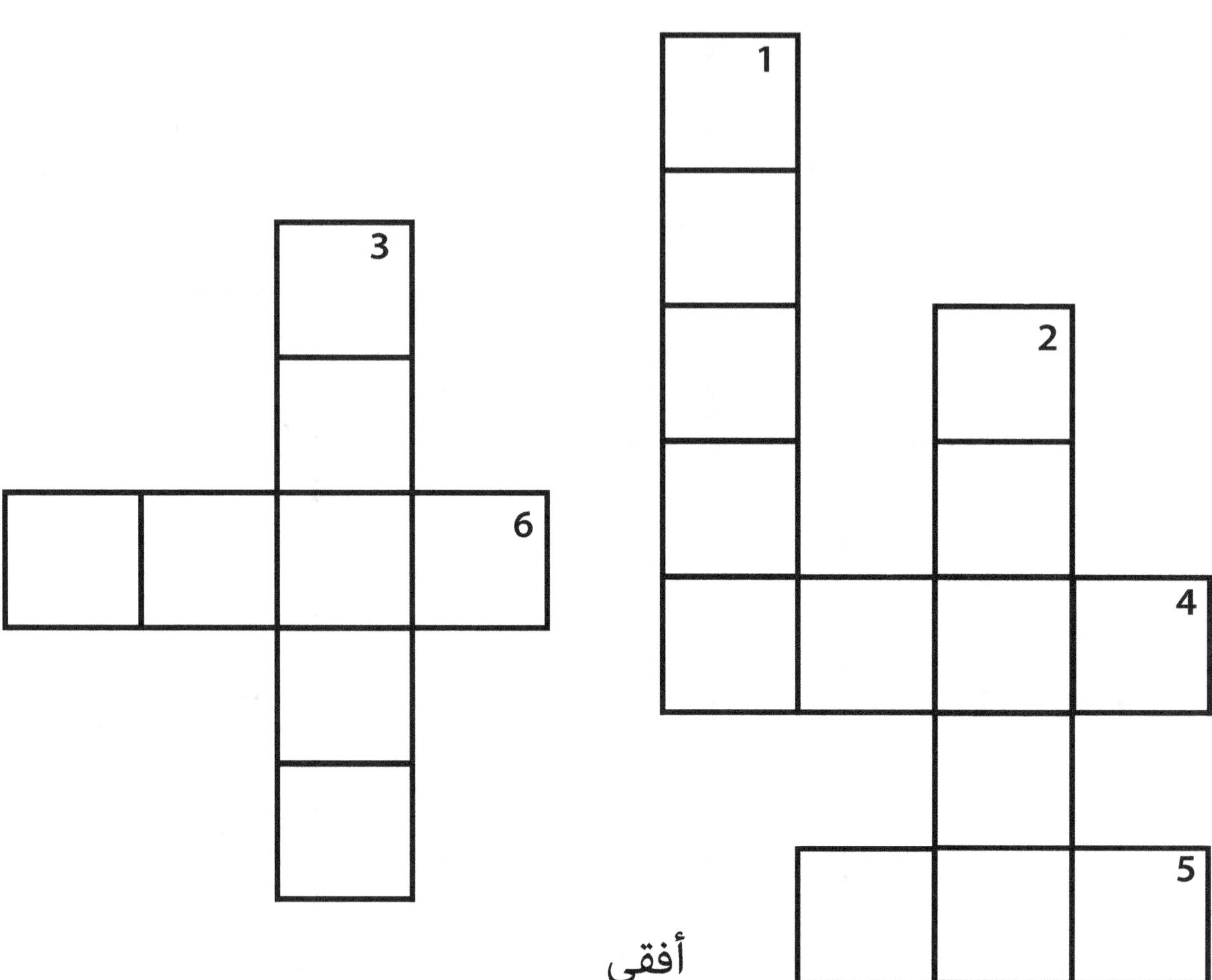

أفقي

4- طائر ليلي صغير الحجم، لديه ريش ناعم ولونه يتراوح بين البني والرمادي، ويتميز بعينيه الكبيرتين وقدرته على الرؤية الليلية

5- طائر جارح كبير الحجم، لديه منقار قوي ومخالب حادة، ويمتاز بطيرانه العالي وسرعته في صيد فريسته

6- طائر أسود الريش يتميز بذكاءه العالي وصوته الخاص

عمودي

1- طائر كبير الحجم لا يستطيع الطيران، لديه رقبة طويلة وريش رمادي

2- طائر كبير وجميل، لديه ريش طويل وملون بألوان زاهية، يفتح ذيله بشكل هلالي

3- طائر يعيش في المناطق الباردة والقطبية، لديه ريش أسود وأبيض، ويمتاز بمشيه العبثي وقدرته على السباحة.

أماكن

أفقي

3- مكان يحتوي على الكتب والمصادر المعرفية

4- مكان يذهب إليه الناس لتناول الطعام والشراب ويتوفر فيه طاولات وكراسي لجلوس الزبائن

عمودي

1- مكان يعمل فيه الأطباء والممرضات لمساعدة الناس

2- مكان يذهب إليه الأطفال للتعلم واكتساب المعرفة

في المدرسة

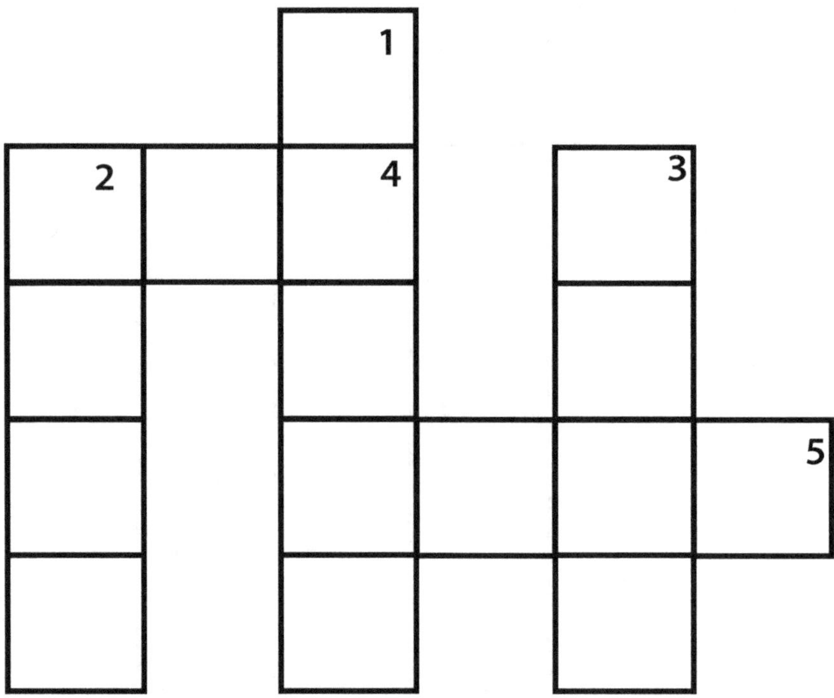

عمودي

1- تستخدم لحمل الكتب والمستلزمات الدراسية

2- شخص يعلم الطلاب ويشرح لهم المواد الدراسية

3- أداة تستخدم في المدرسة للقراءة والدراسة، يحتوي على المعلومات والقصص

أفقي

4- أداة تستخدم للكتابة والرسم في المدرسة

5- شخص يذهب إلى المدرسة للتعلم والدراسة

في الربيع

عمودي

1- حيوان صغير يطير في السماء ويصدر أصواتًا جميلة

2- جزء من النبات يتفتح وينمو في الربيع ويكون ملونًا وجميلًا

أفقي

3- أنبات صغير وأخضر ينمو في الأرض ويغطي الحدائق والحقول

4- يتشكل عندما تتساقط قطرات الماء في الهواء وتتلألأ بألوان مختلفة

5- حشرة تطير في الهواء ولها جناحان ملونان وجميلان

كلمات تبدأ بحرف ال د

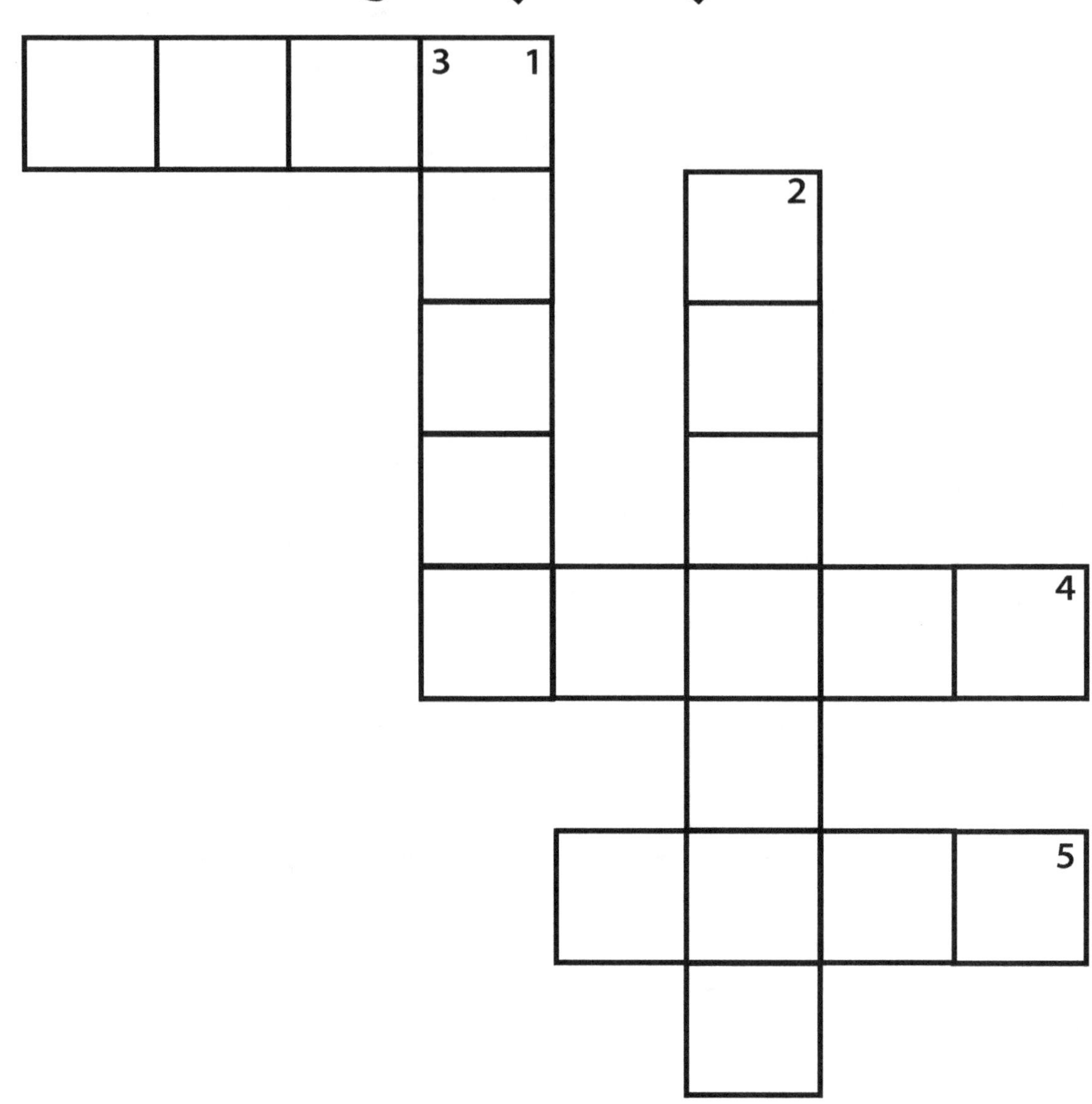

أفقي

3- كتيب يستخدم للكتابة والملاحظات

4- مركبة عسكرية مدرعة تستخدم في المعارك

5- قطرات الماء التي تخرج من عين الإنسان عند البكاء أو الحزن

عمودي

1- وسيلة نقل تستخدم للتنقل وتحتوي على عجلتين

2- حيوان مفترس متوقع الحجم كان يعيش في العصور القديمة

كلمات تبدأ بحرف ال س

أفقي

4- الفضاء الذي يحيط بالأرض، حيث يمكن رؤية الشمس والنجوم والسحب فيه

5- وسيلة نقل تعمل بواسطة محرك، يمكن استخدامها للتنقل من مكان إلى آخر

6- جهاز يستخدم لقياس الوقت، يحتوي على عقربين (الساعة والدقائق) ويساعد في معرفة الوقت

عمودي

1- قطعة أثاث تستخدم للنوم، يحتوي على فراش ووسائد وغطاء

2- حيوان مائي يعيش في البحار والأنهار، لديه زعانف ويتنفس بواسطة الخياشيم

3- حيوان زاحف برمائي يحمل قوقعة صلبة على ظهره ويتحرك ببطء

كلمات تبدأ بحرف ال ك

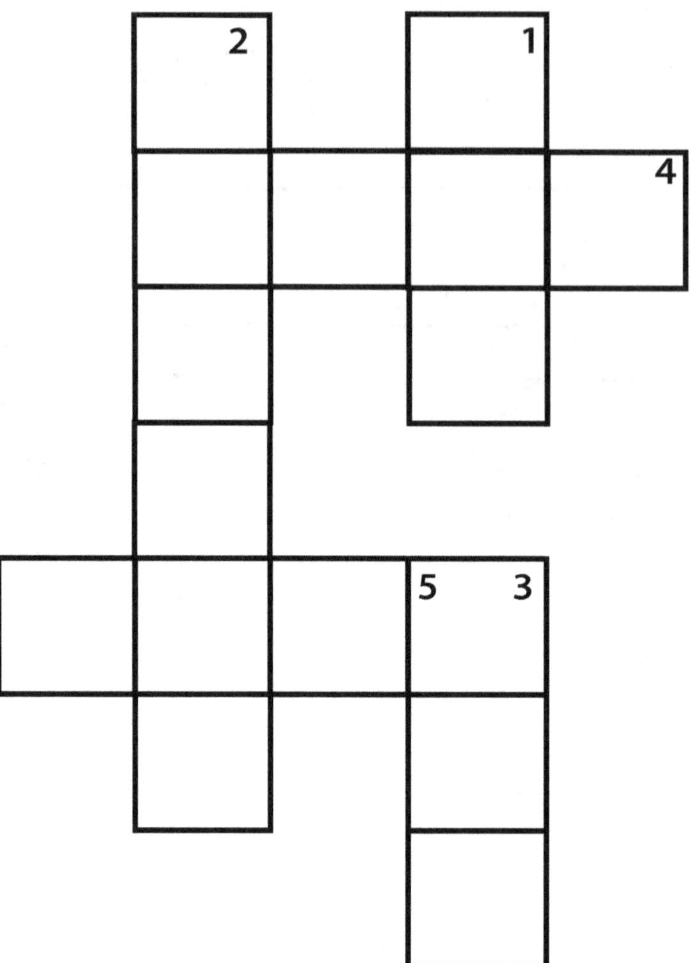

عمودي

1- مستديرة تستخدم في اللعب والألعاب الرياضية مثل كرة القدم وكرة السلة

2- العلم الذي يدرس المواد والتفاعلات الكيميائية، ويمكن استخدامه لإجراء تجارب مثيرة

3- كمية من الثروة أو الأشياء الثمينة التي يمكن العثور عليها بعد البحث والاستكشاف

أفقي

4- يستخدم للجلوس مصنوع من الخشب أو البلاستيك أو الحديد، ويستخدم في المنزل والمدرسة والمكاتب.

5- مجموعة من الأوراق المطبوعة والمربوطة معًا، ويستخدم للقراءة والتعلم والتسلية

حيوانات المزرعة

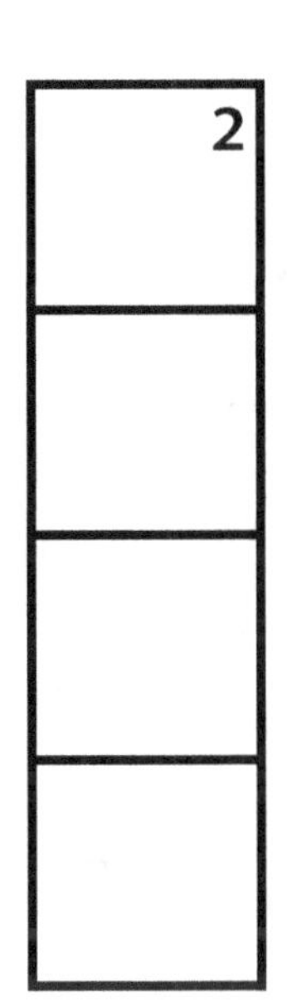

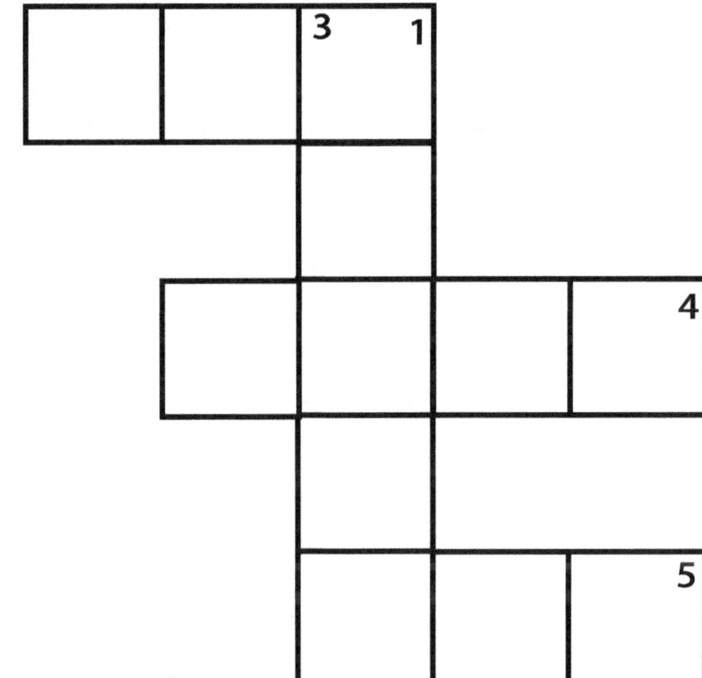

أفقي

3- طائر منزلي يتميز بذكاء وجمال ريشه. يحمل على رأسه تاج صغير مميز ويصدر صوتًا قويًا يعرف بـ "الصياح". يُربى لإنتاج البيض وللزينة

4- حيوان من الثدييات يستخدم في المزارع للعمل وركوب الفروسية. لها جسم قوي وأربعة أرجل طويلة وذيل كثيف. تتميز بقوتها وسرعتها

5- طائر مائي يوجد في المزارع والمستنقعات. لها ريش أبيض ناعم ومنقار مسطح. تُربى لإنتاج البيض واللحم

عمودي

1- طائر منزلي يُربى في المزارع لإنتاج البيض واللحم. لها منقار وجناحين

2- حيوان منزلي صغير يُربى للحصول على الصوف واللحم. له جسم صغير وقوام مكتنز

كلمات تبدأ بحرف ال ش

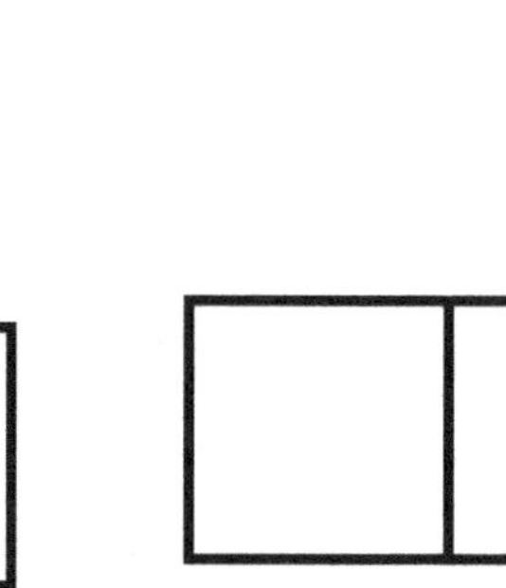

عمودي

1- لعبة استراتيجية تلعب على لوح مربع مكون من خانات بيضاء وسوداء، وتتطلب التفكير الذكي والتخطيط المسبق

2- نوع من القردة الذكية واللطيفة، وهي تشبه الإنسان في بعض السلوكيات والمظهر

أفقي

3- المنطقة التي تفصل بين البر الرملي والماء، وهو مكان ممتع للعب والسباحة وجمع القطع الصدفية

4- نبات ينمو في الأرض وله ساق وفروع وأوراق، ويعطي ظلًا وثمارًا مثل التفاح والبرتقال

5- الجرم السماوي الذي يضيء ويسخن الأرض، وهو المصدر الرئيسي للضوء والحرارة

6- الرغبة في الطعام والشعور بالجوع، وهي تشعرنا بالاستمتاع بالأطعمة اللذيذة

أعداد

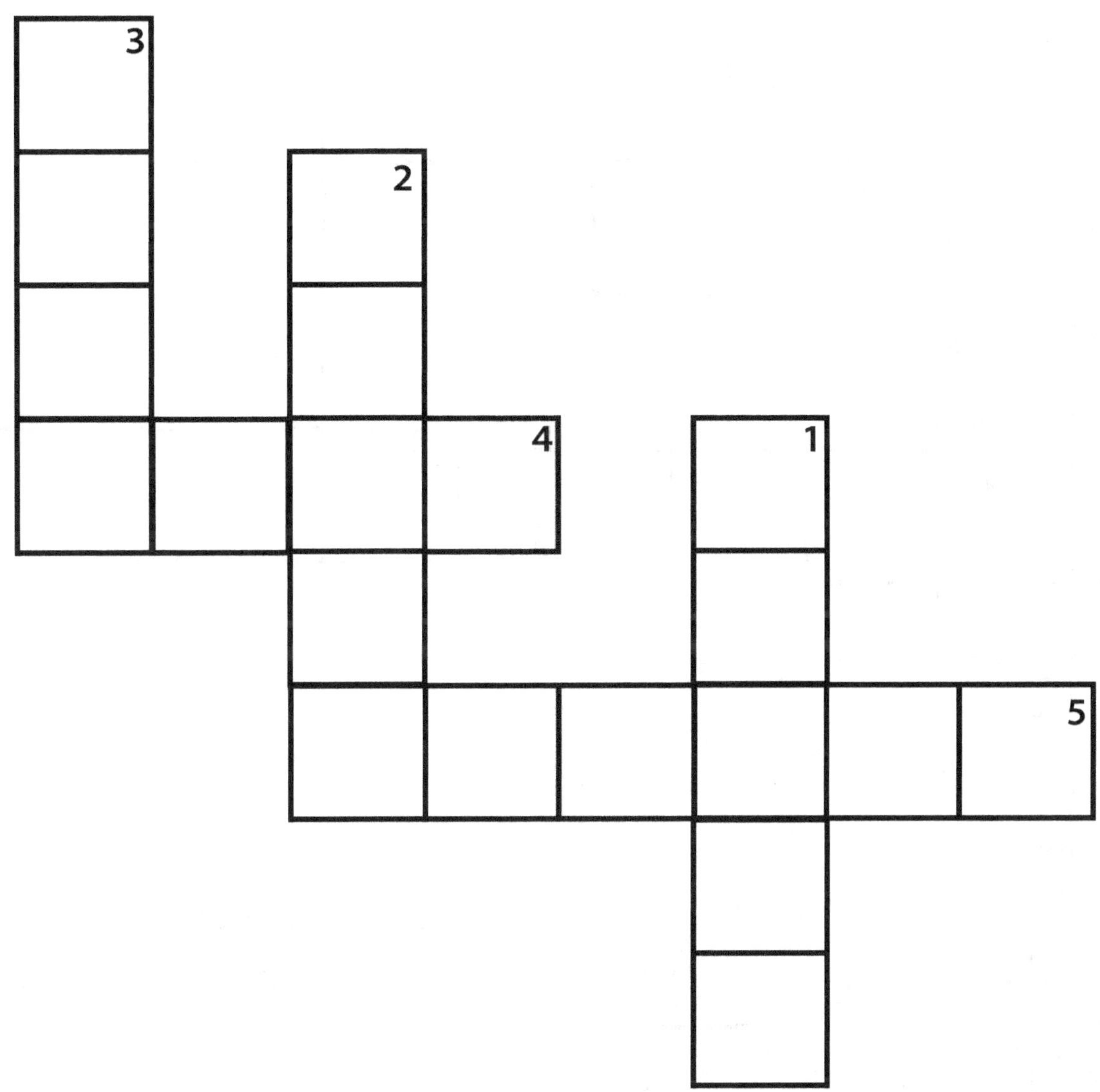

<u>عمودي</u>

1- عدد أضلع المثلث

2- العدد الذي يأتي بعد الثلاثة

3- عدد الأصابع في اليد الواحدة

<u>أفقي</u>

4- عدد أيام الأسبوع

5- العدد الذي يأتي قبل التسعة

كلمات تبدأ بحرف ال ب

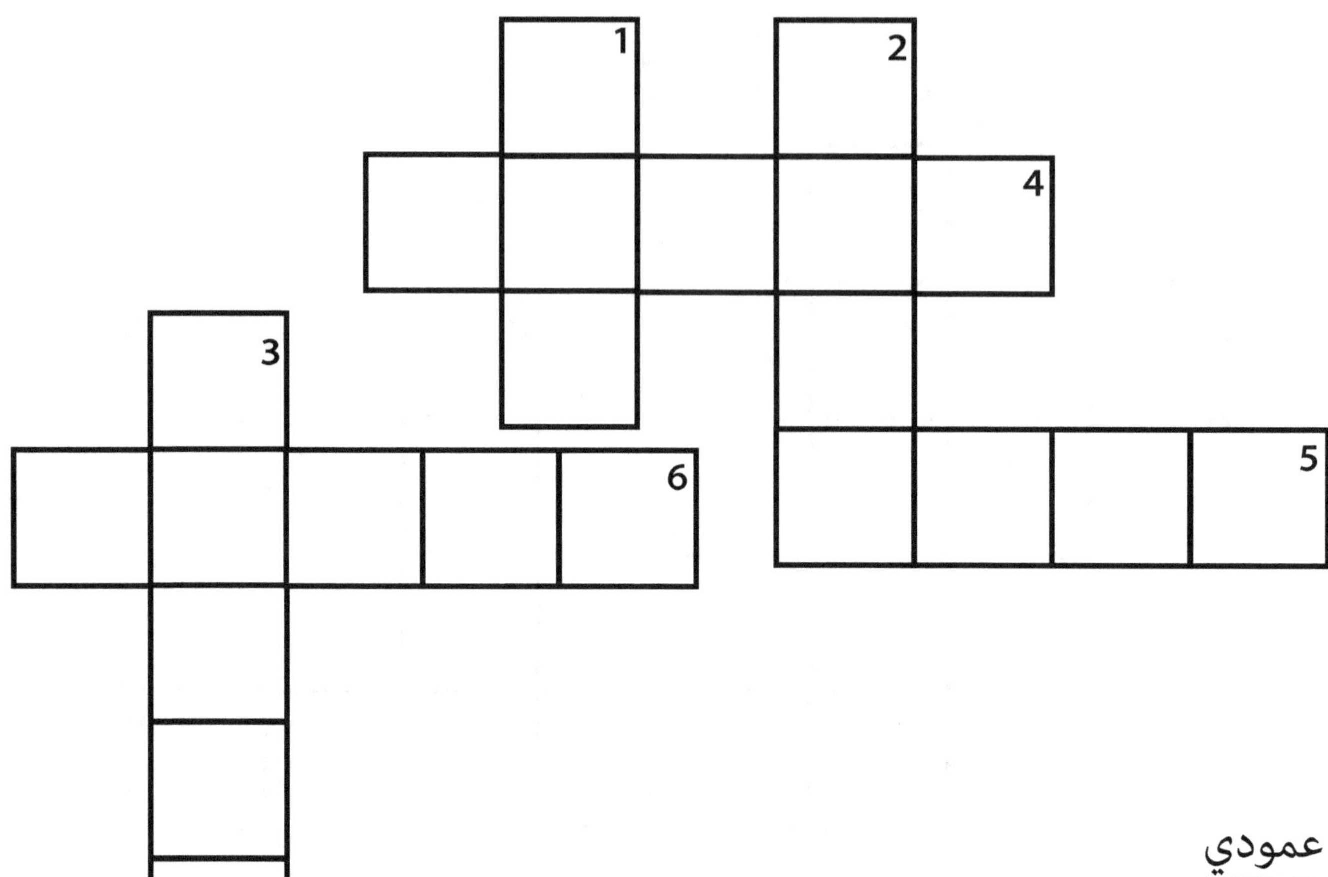

عمودي

1- بناء مرتفع يتألف من عدة طوابق، ويمكن استخدامه للمشاهدة والملاحظة من أعلى

2- جسم بيضاوي يأتي من الدجاج أو البط، وهو طعام صحي يحتوي على البروتينات والفيتامينات

3- طبق طعام يتكون من قطعة عجين مسطحة مغطاة بالصلصة والجبن و بعض المكونات المفضلة

أفقي

4- طبيب يعالج ويعتني بصحة الحيوانات، وهو يساعد في علاج ورعاية الحيوانات الأليفة

5- حيوان ثديي يعيش في المزارع، له جسم ضخم وينتج الحليب الذي يستخدم في صنع الألبان

6- طائر بحري لا يستطيع الطيران، لديه ريش أسود وأبيض ويعيش في المناطق القطبية

أثاث المنزل

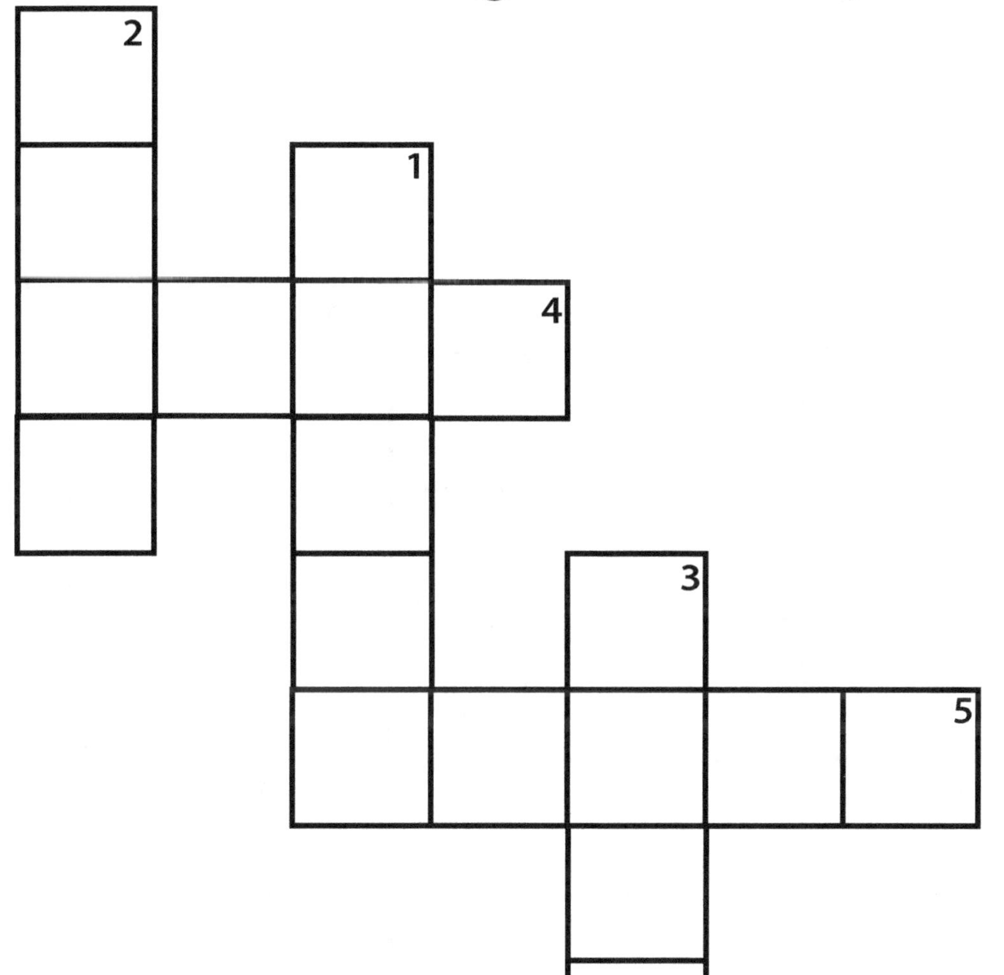

عمودي

1- مكان للجلوس مريح يستخدم في غرفة المعيشة، يمكن الاسترخاء عليه ومشاهدة التلفزيون أو القراءة

2- مكان للنوم عليه، يتكون عادةً من إطار ومرتبة وبطانية، ويوفر راحة واسترخاء أثناء النوم

3- سطح مستو مدعوم بأربعة أرجل، يمكن استخدامه للعب، الرسم، الكتابة، وتناول الطعام

أفقي

4- مكان للجلوس عليه، يمكن للأطفال استخدامه أثناء تناول الطعام أو القراءة أو اللعب

5- قطعة من الأثاث تستخدم لتخزين الأشياء بشكل عام، يمكن للأطفال استخدامها لتنظيم الألعاب والملابس والأغراض الشخصية.

كلمات تبدأ بحرف ال ج

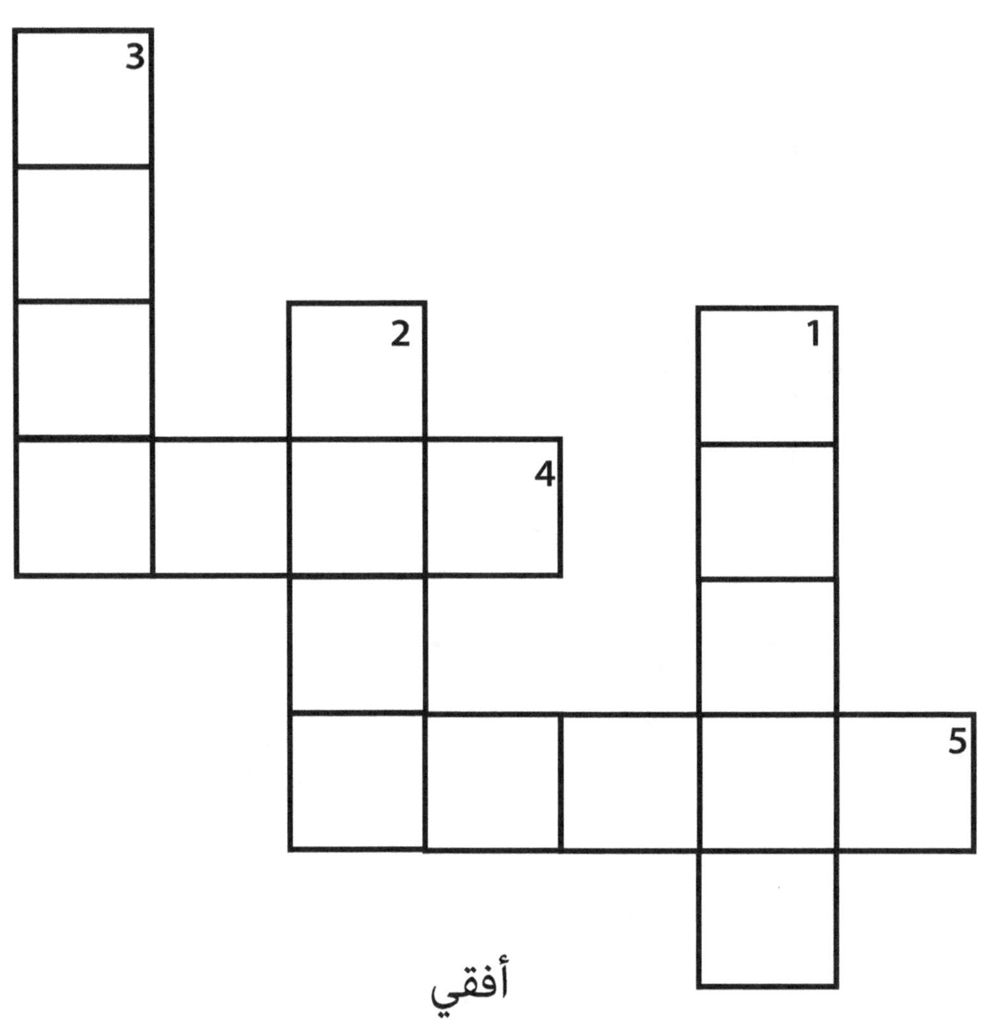

عمودي

1- قطعة من الملابس ترتديها على القدمين للحماية والدفء

2- نوع من الأحذية طويلة ومغطاة للقدم والكاحل

3- منتج غذائي يتم تحضيره عن طريق تخثير الحليب وتصفيته، ويأتي بأشكال ونكهات مختلفة

أفقي

4- خضروات طويلة ومخروطية الشكل، ذات لون برتقالي، وتعتبر مصدرًا جيدًا للفيتامينات

5- ورقة تحمل الأخبار والمعلومات المطبوعة وتوزع يوميًا أو أسبوعيًا. يمكن قرائتها لمعرفة أحداث العالم والمجتمع

أشياء لونها أصفر

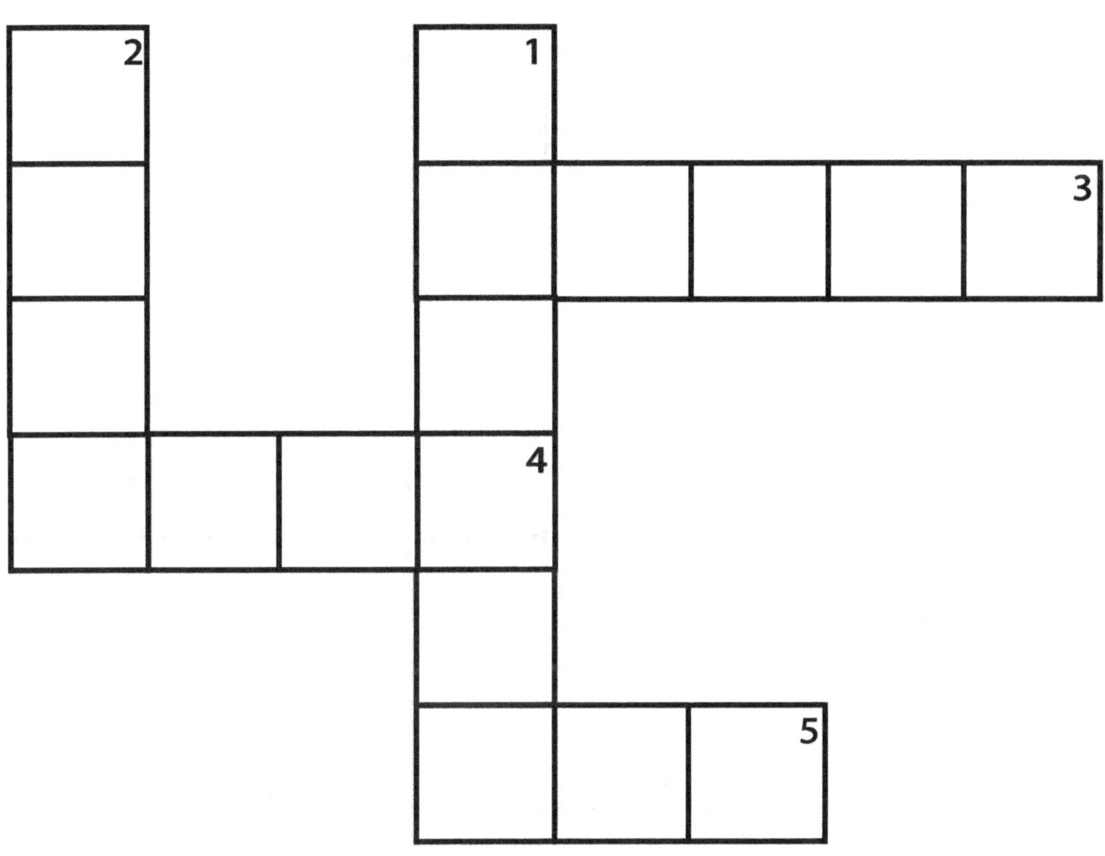

عمودي	أفقي

أفقي

3- ثمرة صغيرة حامضة ذات لون أصفر زاهٍ. يتم استخدامها في العديد من الوَصفات والمشروبات لإضفاء النكهة الحمضية والمنعشة

4- حشرة ذات حجم صغير تعيش في مستعمرات تسمى الخلايا، تعمل بجد لتصنع العسل اللذيذ

5- النجم الذي ينير الأرض ويمنحنا الضوء والحرارة. عندما ترتفع في السماء، تبدو كبيرة ومشرقة بلونها الأصفر الجميل

عمودي

1- هو فاكهة رائعة ولذيذة تنمو في المناطق الاستوائية. يمتاز بقشرته الخارجية الخشنة والشوكية، وعندما تفتحه، ستجد لحمه الأصفر اللذيذ. إنها ثمرة منعشة وحلوة

2- ثمرة صفراء طويلة على شكل هلال ولذيذة. هي مصدر رائع للفيتامينات والمعادن ويمكن تناولها كوجبة خفيفة صحية

كلمات تبدأ بحرف ال م

عمودي

1- أداة تستخدم لضرب الأشياء وتكسيرها، لها مقبض طويل ورأس ثقيل

2- جهاز يستخدم لإنارة المكان، يعمل عن طريق توصيله بالكهرباء أو باستخدام البطاريات

3- شكل هندسي له أربعة أضلاع متساوية الأطوال وأربعة زوايا قائمة

أفقي

4- سطح ملساء يعكس الصورة، يستخدم لرؤية النفس

5- أداة صغيرة تستخدم لفتح وإغلاق الأقفال

كلمات تبدأ بحرف ال ع

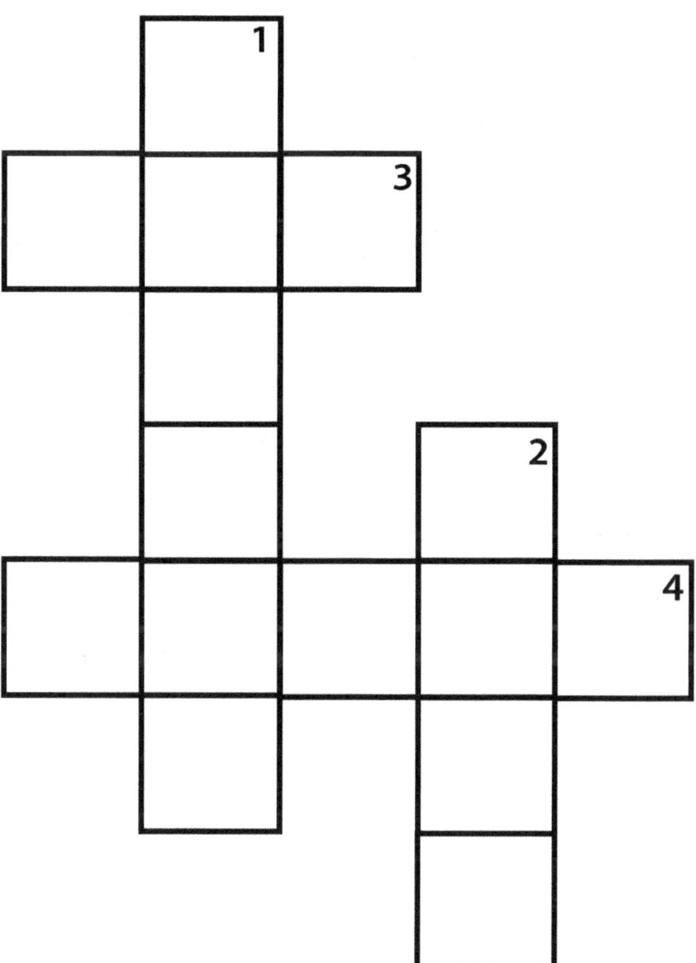

عمودي

1- حشرة مفترسة ذات ثمانية أرجل وتحب العيش في الشبكات التي تصنعها

2- سائل مشروب يتم استخراجه من الفواكه أو الخضروات، وهو منعش ومليء بالفيتامينات

أفقي

3- فاكهة صغيرة دائرية، لها قشرة رقيقة ولحم عصيري بمذاق حلو، تأتي بألوان مختلفة مثل الأحمر والأخضر

4- حيوان صغير ذو ريش وأجنحة يستطيع الطيران والتغريد

في الثلاجة

عمودي	أفقي

أفقي

4- مثل الطماطم والخيار والفلفل والجزر، تعد مصدراً مهماً للفيتامينات والمعادن

5- سائل أبيض يستخرج من البقر والحيوانات الأخرى، وهو مصدر هام للكالسيوم والبروتين

عمودي

1- هو شيء صغير بيضاوي يأتي من الدجاج. لونه الخارجي عادةً أبيض أو بني

2- مثل البرتقال والتفاح والموز والعنب، و توفر الفيتامينات والألياف

3- مثل الدجاج واللحم البقري واللحم البقري المفروم، تعتبر مصدراً هاماً للبروتين

دول و عواصم عربية

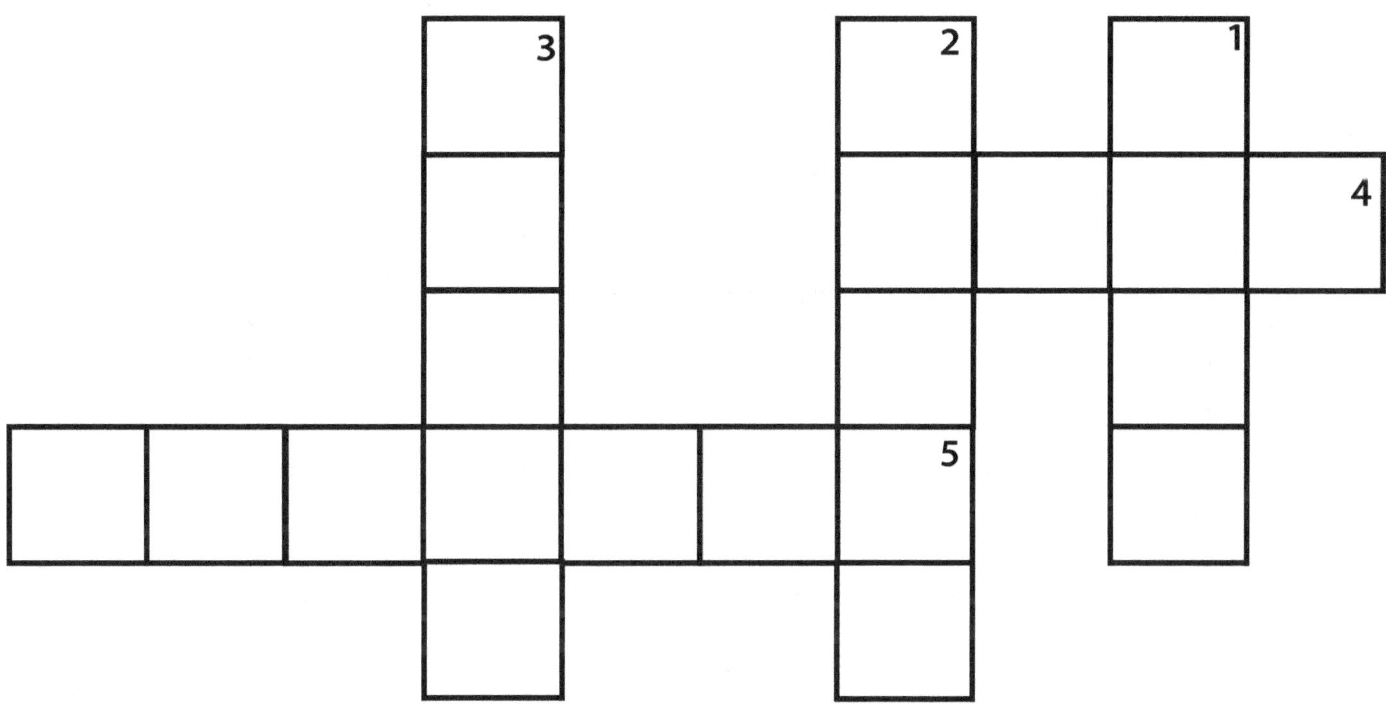

<u>أفقي</u>

4- عاصمة الأردن

5- عاصمة مصر

<u>عمودي</u>

1- عاصمة سوريا

2- عاصمة اليمن

3- عاصمة العراق

دول و عواصم

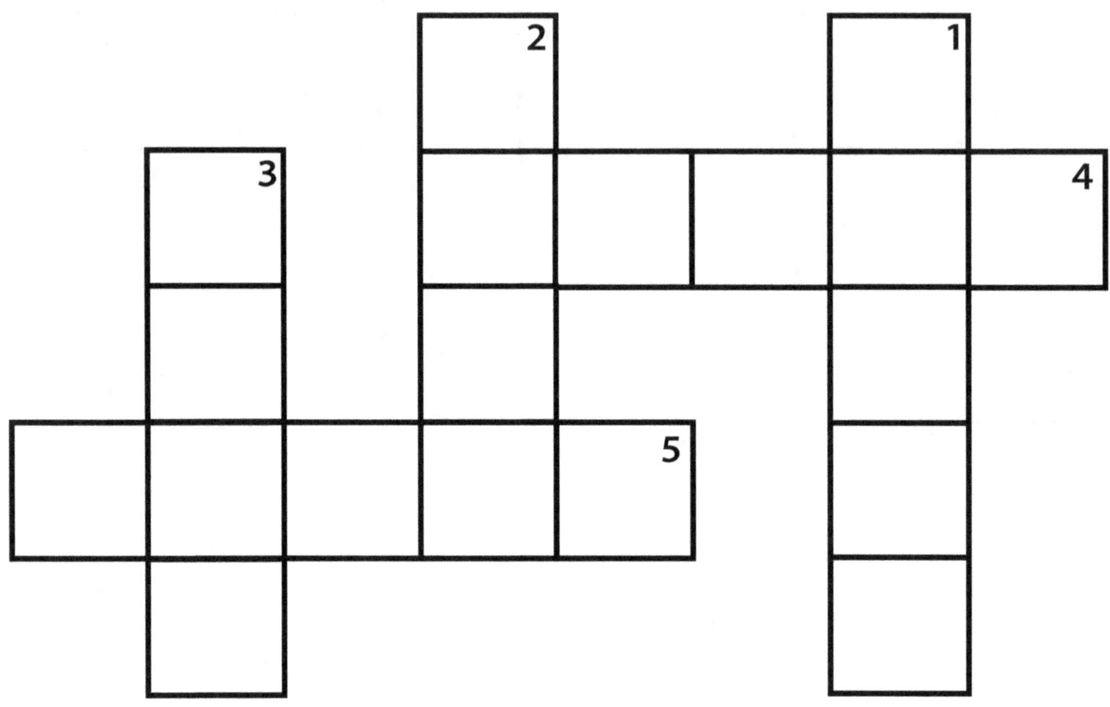

عمودي	أفقي
1- عاصمة روسيا	4- عاصمة اليابان
2- عاصمة إيطاليا	5- عاصمة فرنسا
3- عاصمة الصين	

أشياء تدور

عمودي

1- قطعة صغيرة معدنية تحتوي على رأس وجسم ملولب. يستخدم عمومًا لتثبيت الأشياء معًا عن طريق لفها في ثقوب مسبقة في الأشياء وربطها بواسطة مفك

3- جسم مستدير يتميز بشكله المنحني وسطحه الناعم. يمكن التفاعل معها عن طريق دحرجتها والتقاطها ورميها

2- هي هيكل يحتوي على أجزاء تدور مع الرياح وتستخدم لتوليد الطاقة

أفقي

4- جهاز يحتوي على إبرة تدور حول محورها وتشير دائمًا إلى الاتجاه الشمالي

5- جهاز يعمل على توليد الهواء و يستخدم في الأيام الحارة لتبريد الجو

كلمات تبدأ بحرف ال خ

أفقي

3- رسم توضيحي لمنطقة معينة أو للعالم بشكل عام

4- مادة تأتي من جذوع الأشجار وتستخدم في البناء والأثاث

5- ملمس يكون غير ناعم

عمودي

1- رسومات أو خطوط عشوائية وصغيرة

2- تحرك قدم واحدة للأمام أثناء المشي

كلمات تبدأ بحرف ال ف

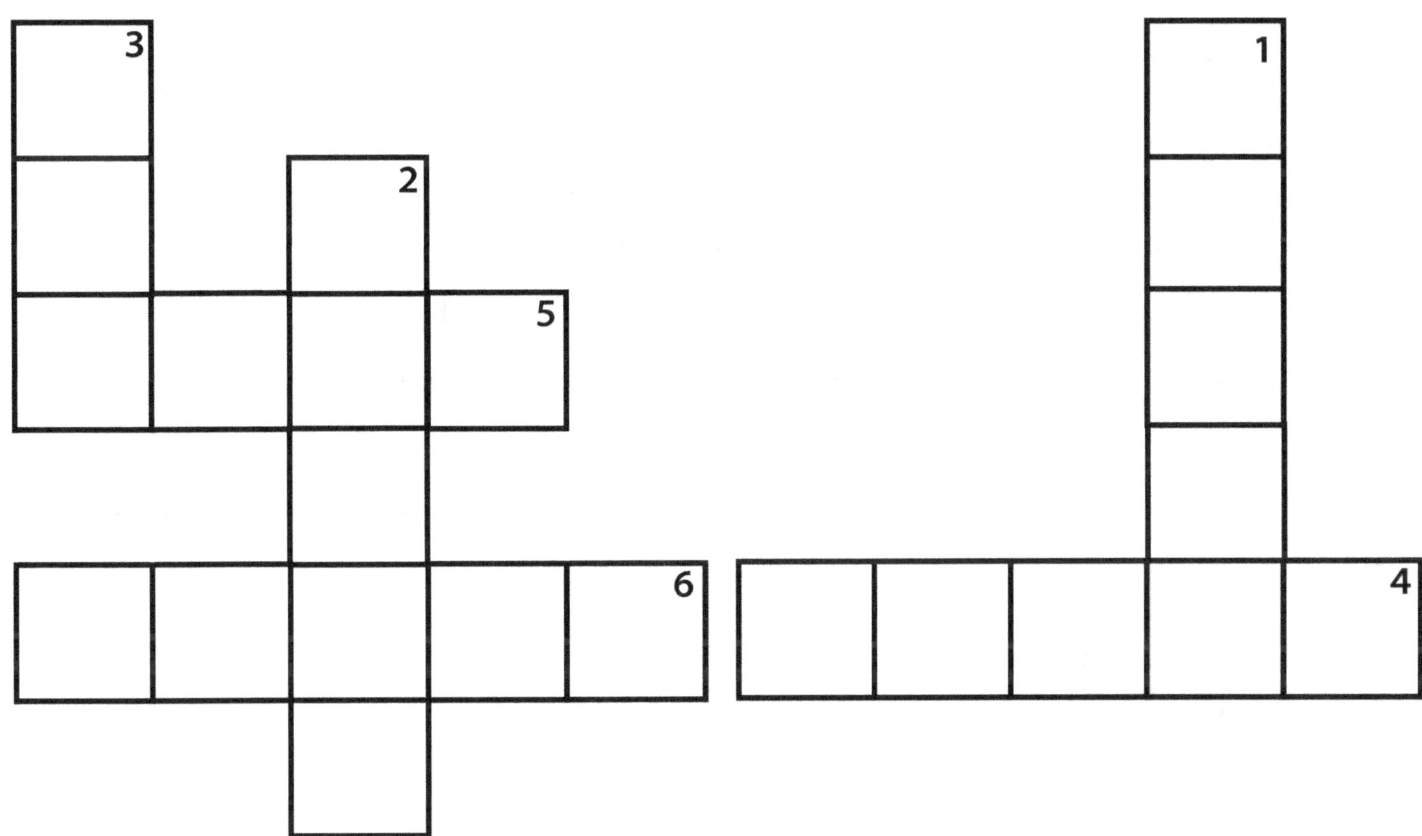

أفقي

4- كوب صغير يستخدم لشرب القهوة أو الشاي

5- مجموعة من الأشخاص يعملون معًا لتحقيق هدف مشترك

6- أداة تستخدم لتنظيف الأسنان

عمودي

1- قطعة من الملابس ترتديها الفتيات والنساء

2- حشرة جميلة ذات أجنحة ملونة تطير في الهواء

3- عكس تحت

كائنات بحرية

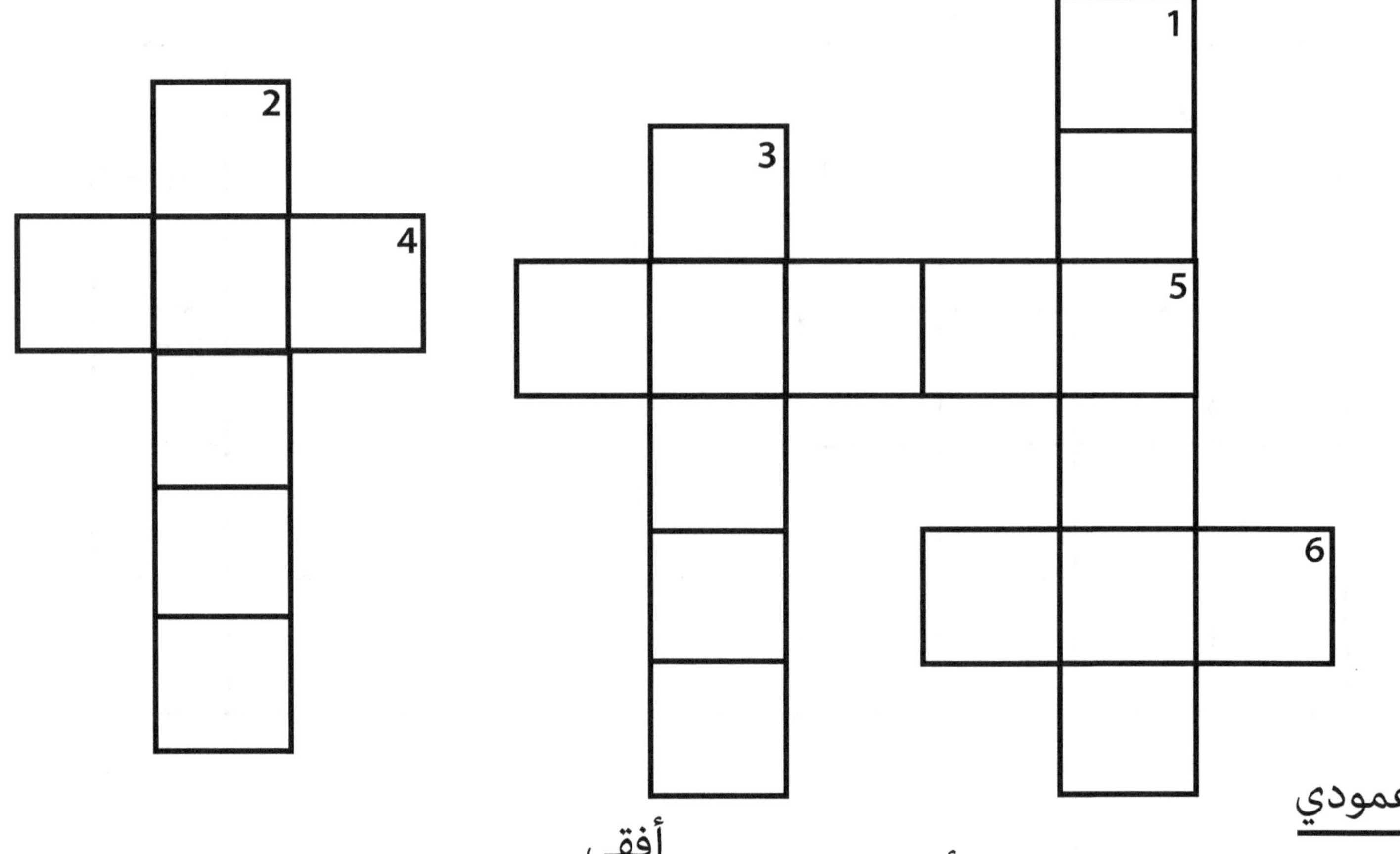

عمودي

1- حيوان بحري لديه ثمانية أذرع، و يمكنه إطلاق الحبر كوسيلة للدفاع

2- نوع من الكائنات البحرية الصغيرة والملونة. يعيش في المحيطات ويشكل هياكلاً صلبة تعتبر موطنًا للكثير من الأسماك والحيوانات البحرية الأخرى. يضفي الجمال والألوان على المحيطات

3- كائن بحري يعتبر من أذكى الكائنات البحرية، ولديه قدرات مدهشة في السباحة والقفز.ويتميز بالتواصل الصوتي العالي التردد

أفقي

4- نوع من الأسماك الكبيرة والمفترسة. لديه فم كبير مزود بأسنان حادة، وزعانف كبيرة تساعده على السباحة بسرعة.

5- نباتات صغيرة تعيش في الماء تأتي بأشكال وألوان مختلفة، وتلعب دورًا هامًا في توفير الأكسجين وتوفير الغذاء للكائنات البحرية الأخرى

6- يعتبر أكبر كائن حي على وجه الأرض، ويعيش في المحيطات

كلمات تبدأ بحرف ال ث

عمودي

1- حيوان ثديي من عائلة الكلاب، يتميز بفروه الكثيف وذيله الكثير الشعر

2- الملابس التي يرتديها الناس للحماية والزينة

3- جمع ثور، وهي حيوانات ضخمة تنتمي إلى عائلة البقر

أفقي

4- عكس خفيف

5- وحدة القياس الزمنية التي تعادل جزءًا من الدقيقة

6- نوع من الزواحف ذات الجسم الطويل

كلمات تبدأ بحرف ال ح

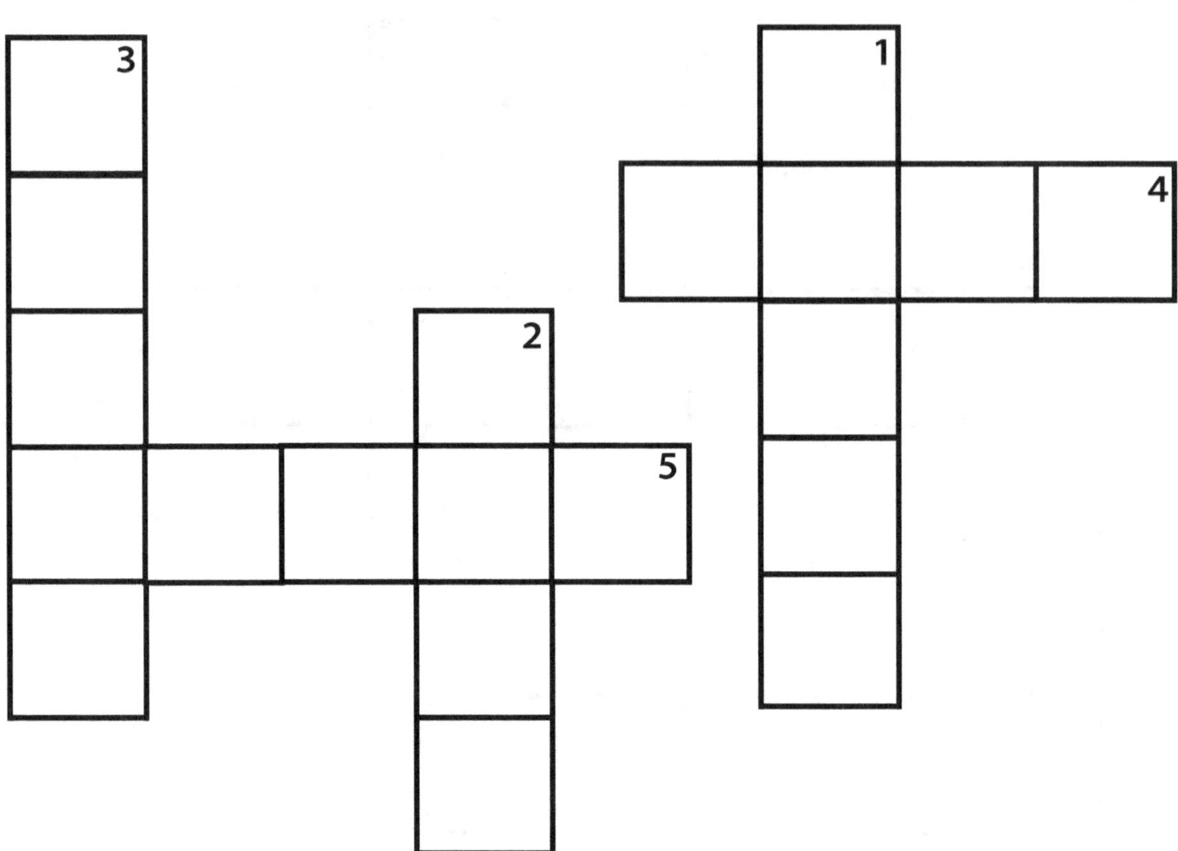

أفقي

4- قطعة من الملابس توضع على القدم للحماية والراحة

5- جهاز إلكتروني لمعالجة البيانات

عمودي

1- وسيلة نقل جماعي للركاب

2- جدار خارجي للمبنى

3- وسيلة لحمل الأشياء

الأضداد

أفقي

3- كامل

4- ساخن

5- داخل

عمودي

1- كبير

2- طويل

كلمات تبدأ بحرف ال ق

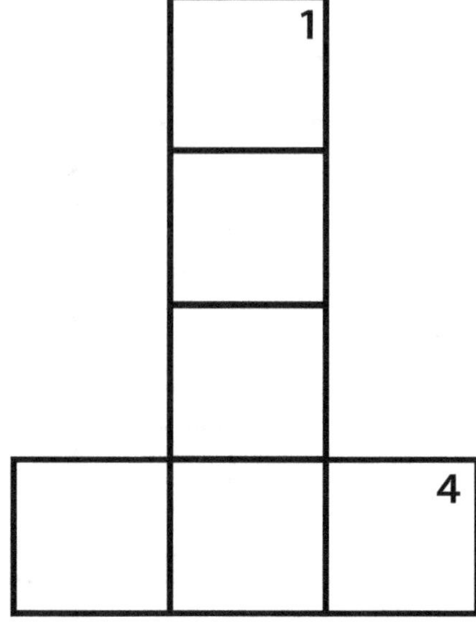

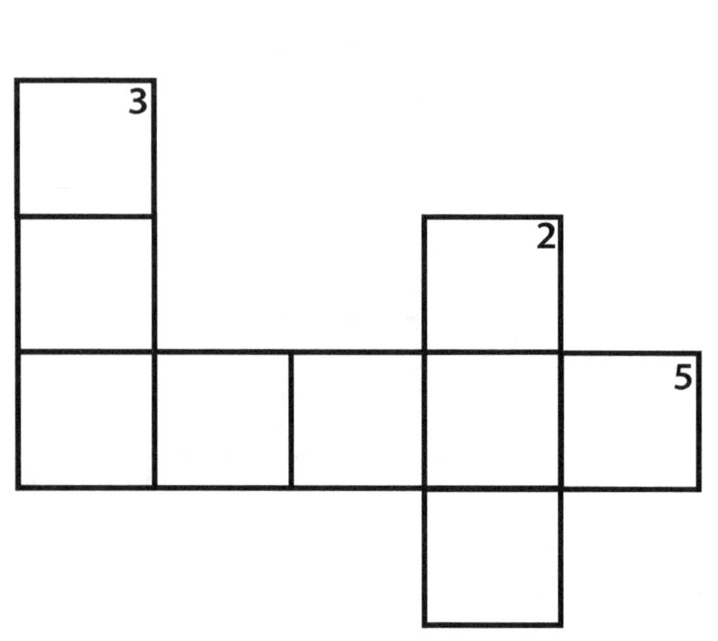

<u>أفقي</u>

4- حيوان ثديي يشبه الإنسان في تركيبة الجسم، له ذيل قصير ويعيش في الغابات

5- قطعة من المجوهرات تُعلق حول العنق، وتكون عادةً مصنوعة من المعادن الثمينة أو الأحجار الكريمة

<u>عمودي</u>

1- وسيلة نقل تسير على سكة حديدية وتحمل الركاب أو البضائع من مكان إلى آخر، وتتكون من عدة عربات متصلة ببعضها

2- أداة كتابة تستخدم للكتابة والرسم، وتتكون عادةً من جسم مستدق ورأس يحتوي على حبر أو مادة تلون

3- قطعة أدبية قصيرة تحكي حدثًا أو تجربة ما، وتتضمن شخصيات وأحداث مثيرة

كلمات تبدأ بحرف ال ص

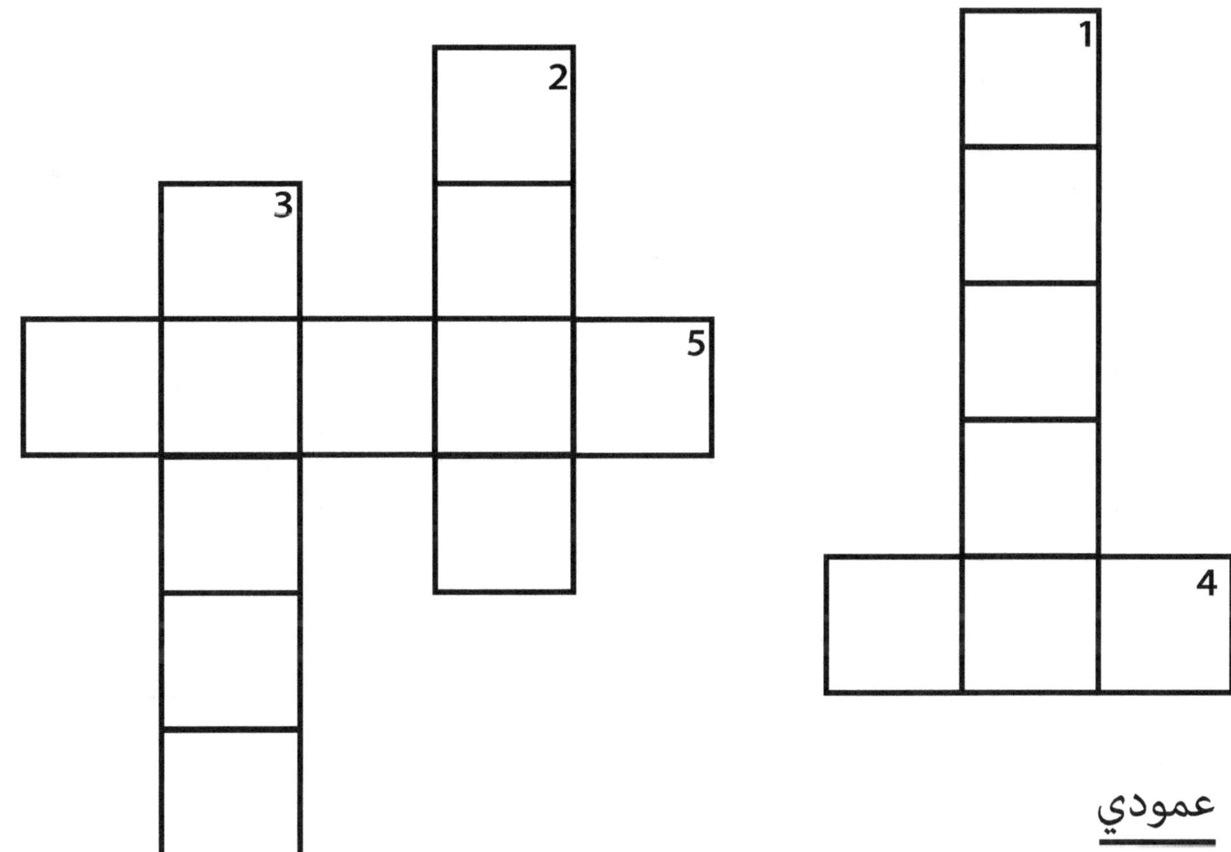

عمودي

1- عبارة عن علبة تستخدم لتخزين الأشياء

2- ورقة مسطحة تحمل معلومات أو رسومات ويمكن قراءتها

3- مادة تستخدم لتنظيف الجسم أو الأشياء

أفقي

4- نوع من الطيور المفترسة يتميز بحجمه الكبير ومهاراته في الصيد

5- منطقة جافة وقاحلة تتسم بندرة الأمطار ووجود الرمال والصخور

كلمات تبدأ بحرف ال ن

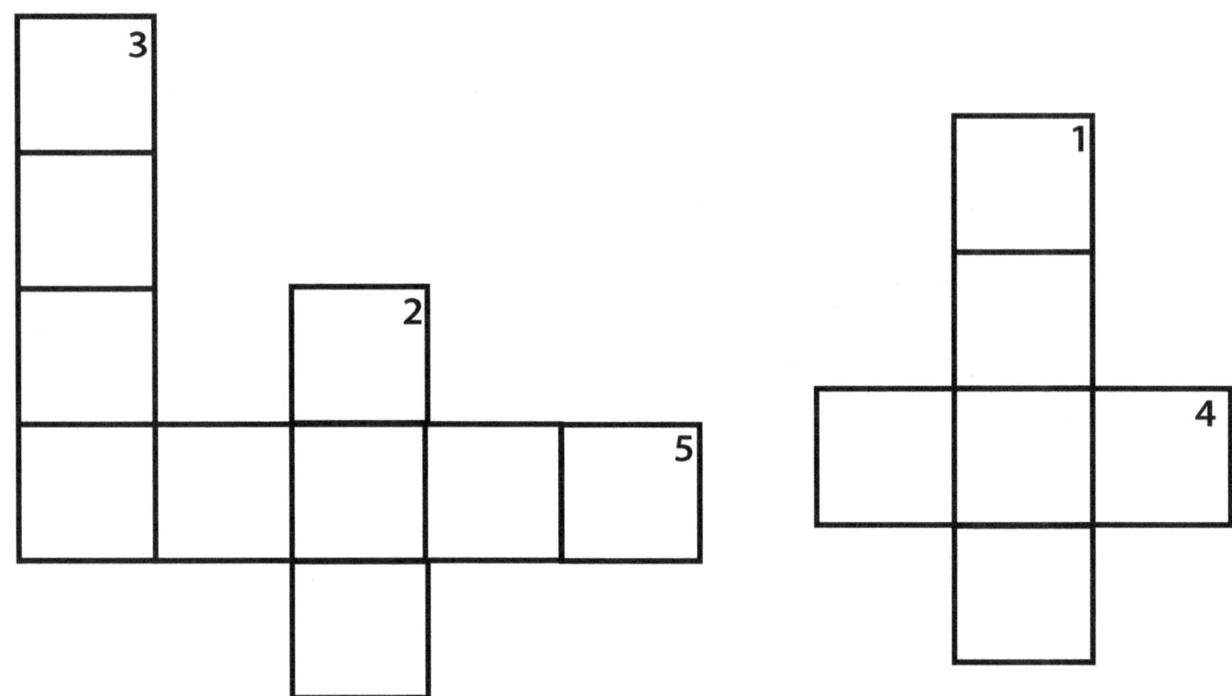

عمودي

1- جسم سماوي يلمع في السماء الليلية

2- عنصر طبيعي ينبعث منه الضوء والحرارة و يحرق الأشياء

3- حشرة صغيرة تلعب دورًا هامًا في تلقيح النباتات وإنتاج العسل

أفقي

4- حيوان مفترس بفراء جميل وقوة وسرعة في الصيد

5- هي جهاز يرتديه الناس على العينين لتحسين الرؤية

كوارث طبيعية

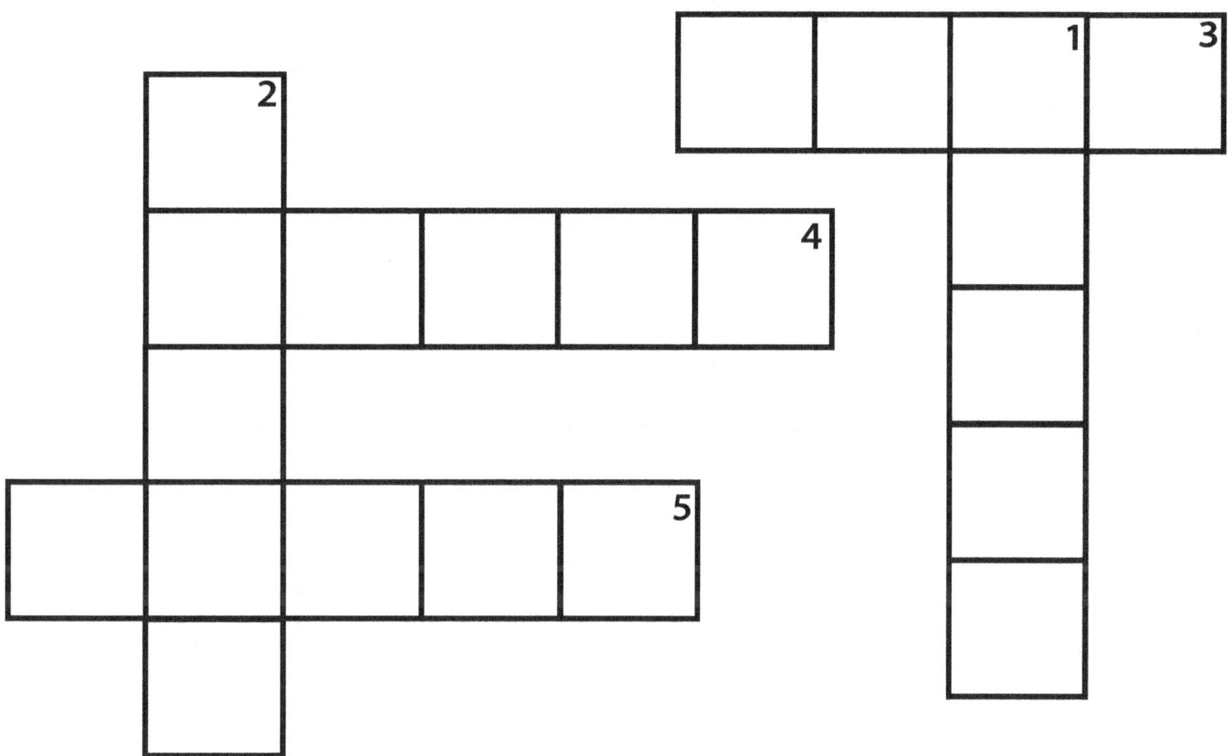

<u>أفقي</u>

3- هو حالة طويلة الأمد لانخفاض كميات الماء المتاحة في منطقة معينة

4- هو عاصفة قوية تشكلت فوق المحيطات الحارة وتتميز برياح عاتية وأمطار غزيرة

5- هو اهتزاز أرضي يحدث نتيجة للتحركات الطبيعية في قشرة الأرض

<u>عمودي</u>

1- هو تجمع مفاجئ للمياه في منطقة معينة بشكل كبير يتجاوز طاقة الاستيعاب الطبيعية للأرض

2- هو فتح في قشرة الأرض يطلق الحمم والغازات والرماد البركاني

كلمات تبدأ بحرف ال ر

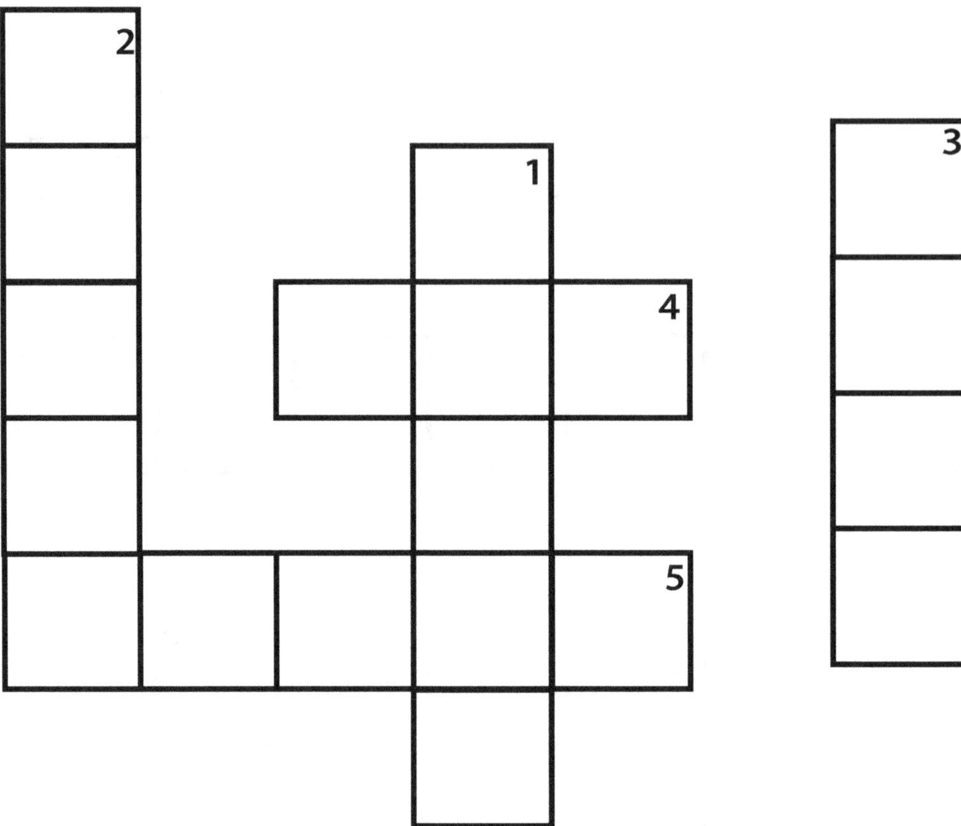

أفقي

4- هو المادة الحبيبية الناعمة التي تجد في الشاطئ وتستخدم في بناء القلاع الرملية

5- هي الشيء الذي نشمه بأنوفنا

عمودي

1- هو شهر مهم في الدين الإسلامي، يصوم فيه المسلمون من الفجر حتى المغرب

2- هي نشاط بدني يتضمن الحركة والتمارين البدنية، مثل كرة القدم أو السباحة

3- هو إحدى فصول السنة، حيث تزدهر الزهور وتظهر الألوان الجميلة في الطبيعة

أدوات

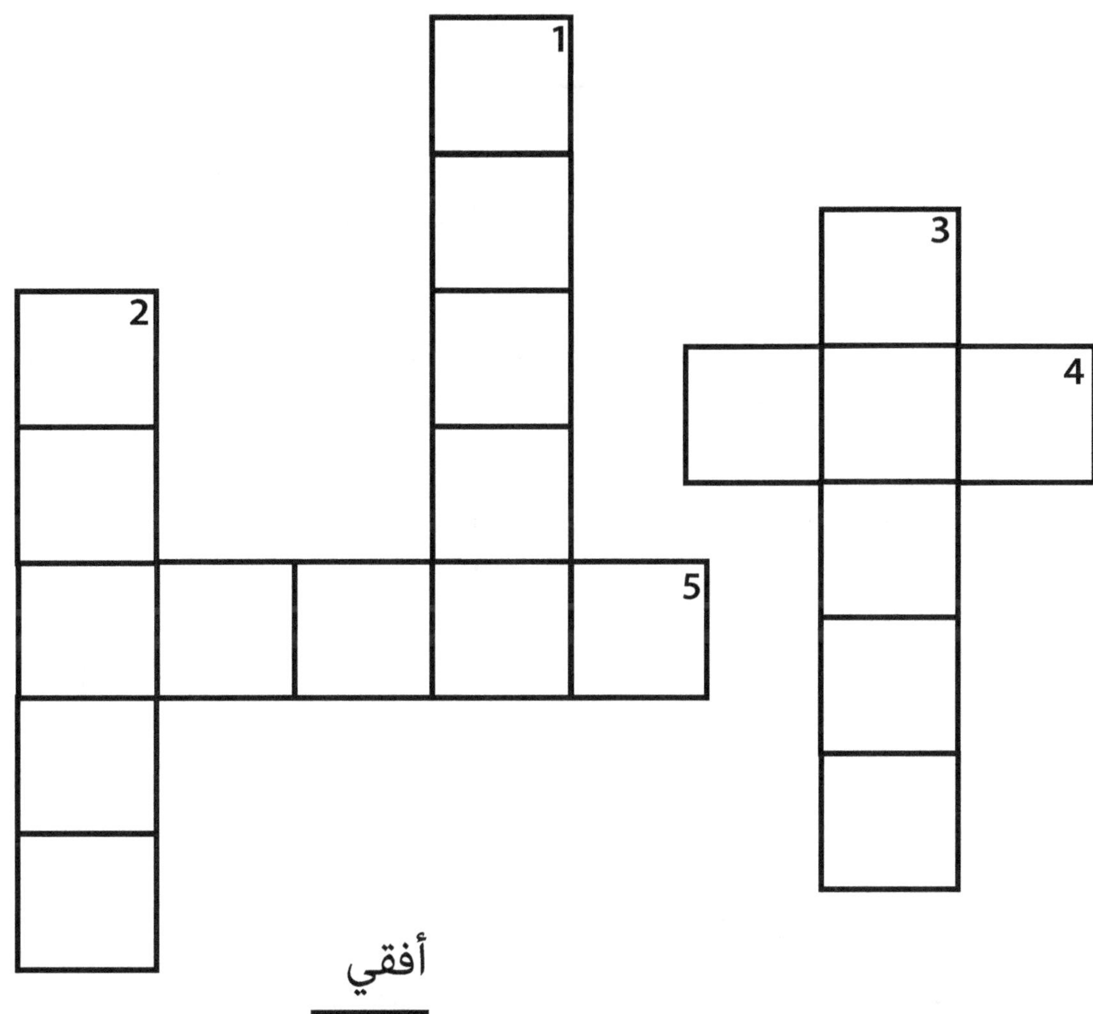

أفقي

4- أداة تُستخدم لتثبيت أو إزالة البراغي والمسامير

5- أداة تستخدم لقطع الأشياء بواسطة حركة سلسلة من الأسنان الحادة على شكل شفرة

عمودي

1- أداة تُستخدم لقياس الوزن أو التوازن بين الأشياء المختلفة

2- أداة تُستخدم لتثبيت الأشياء أو تفكيكها عن طريق الضرب

3- أداة تُستخدم لفتح أقفال الأبواب أو الأشياء الأخرى

ملابس

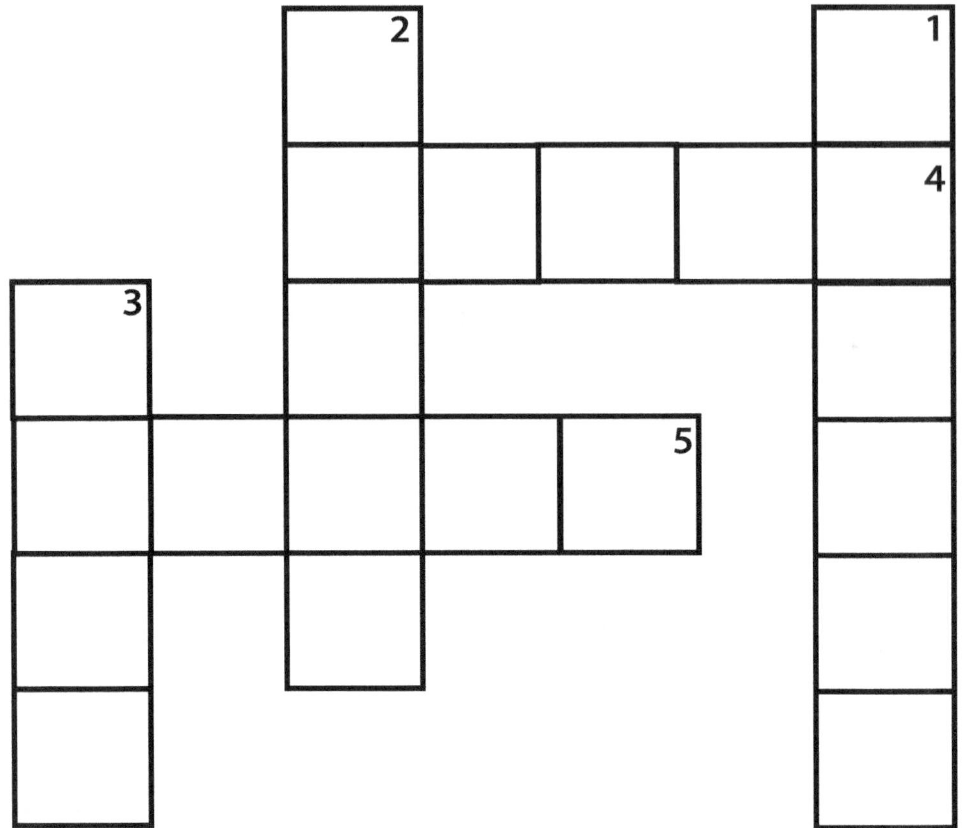

أفقي	عمودي
4- ثوب طويل يُرتديه الفتيات ويغطي الجسم بالكامل	1- قطعة ملابس تُلبس على اليدين للحماية والدفء في الأيام الباردة
5- قطعة ملابس تُلبس على القدمين للحفاظ على الدفء والراحة	2- قطعة ملابس تُرتدي على الساقين وتغطي منطقة الخصر حتى الكاحل
	3- غطاء يُوضع على الرأس لحمايته من الشمس أو للزينة

في المنزل

عمودي

1- قطعة من القماش تستخدم لتغطية الأرضية وتوفير الراحة والدفء

2- جهاز يستخدم لتخزين الطعام والحفاظ عليه باردًا ومنع تلفه

أفقي

3- جهاز يصدر صوتًا عند الضغط عليه للإشارة أو الإعلان عن وجود ضيف أو زائر

4- مدخل أو مخرج للمنزل يتم فتحه وإغلاقه للدخول أو الخروج

5- فتحة في الجدار مغطاة بزجاج تسمح بدخول الضوء والهواء إلى الغرفة

في الحقيبة

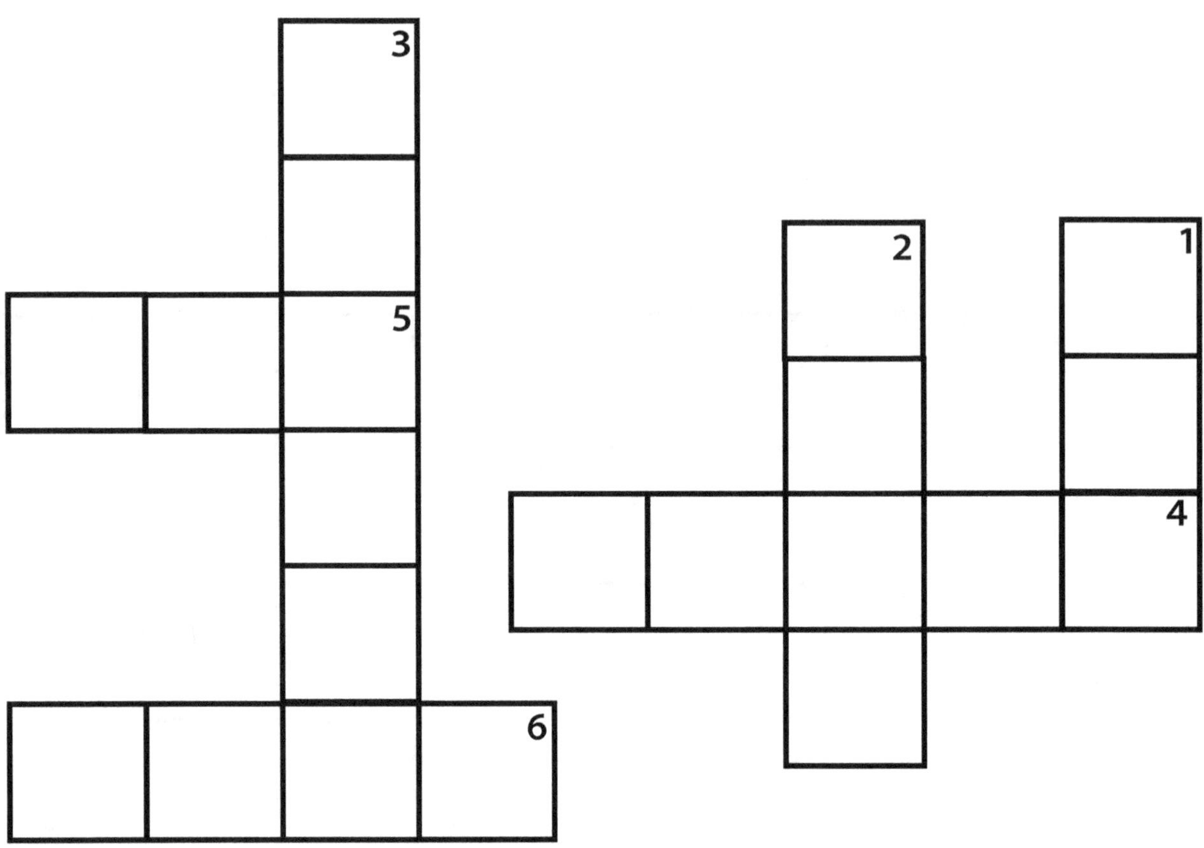

أفقي

4- أداة صغيرة تُستخدم لفتح الأقفال أو الأبواب

5- سائل نشربه للرطوبة والترطيب

6- جهاز لمعرفة الوقت

عمودي

1- أداة كتابة تستخدم للرسم والكتابة

2- كتيب صغير يُستخدم للكتابة والرسم

3- جهاز يستخدم لالتقاط الصور أو تسجيل الفيديو

حشرات

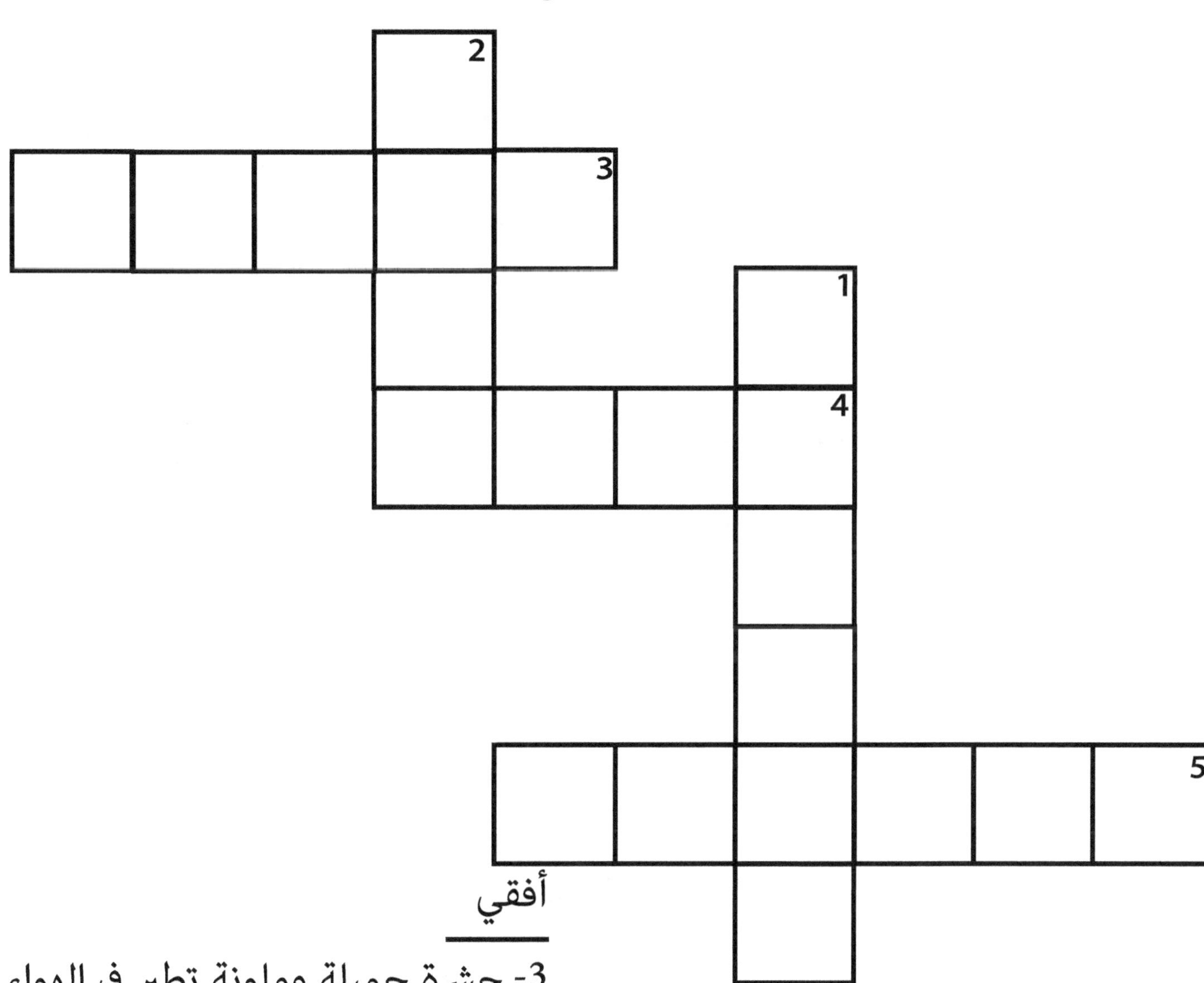

أفقي

3- حشرة جميلة وملونة تطير في الهواء. تأتي بألوان وأشكال مختلفة

4- حشرة صغيرة تعيش في مستعمرات تسمى الخلايا. تجمع الرحيق من الزهور وتستخدمه لإنتاج العسل

5- حشرة صغيرة وجميلة تتميز بجسمها المستدير وألوانها المشرقة عادة باللون الأحمر مع وجود نقاط سوداء على ظهرها

عمودي

1- حشرة صغيرة تصنع شبكة للعيش وصيد الحشرات الصغيرة

2- هي مرحلة في حياة بعض الحشرات مثل الفراشات والذباب. تكون صغيرة وتشبه الديدان

الإسم: ـــــــــــــــــــــــــــــــــ

أنا
أحب اللغة
العربية

مرحبًا

أهلاً بك في كتاب «كلمات متقاطعة مسلية»! هذا الكتاب مخصص لك، الصغير الذكي، الذي يحب التحديات والألعاب الممتعة. في هذا الكتاب، ستجد الكثير من الكلمات المتقاطعة الرائعة التي ستمتعك وتساعدك في تنمية مهاراتك

ما رأيك في حل الألغاز وملئ الفراغات لتكتشف الكلمات المخفية؟ ستجد مواضيع مثيرة مثل الحيوانات والألوان والمهن والأشكال الهندسية والكثيرالكثير. ستحتاج إلى تفكيرك الذكي وذاكرتك القوية للعثور على الكلمات الصحيحة ووضعها في المربعات المناسبة

لا تقلق إذا واجهت صعوبة في بعض الكلمات، فهذا جزء من المرح! يمكنك أن تطلب مساعدة من أصدقائك أو أفراد عائلتك

من خلال حل الكلمات المتقاطعة، ستتعلم كثيرًا! ستطور قدراتك في القراءة والكتابة، وستزيد مفرداتك وتحسن مهاراتك اللغوية. ستصبح أكثر ذكاءً وتنمي قدراتك العقلية.

فلنبدأ المغامرة! استعد للتحدي والمتعة مع كتاب «كلمات متقاطعة مسلية»، واستعد لاكتشاف عالم الكلمات والأحرف العربية والألغاز الشيقة. أتمنى لك وقتًا ممتعًا ومفيدًا في حل الكلمات المتقاطعة واكتشاف مهاراتك العبقرية

مع أطيب التمنيات